Oskar Kaelin

Ein assyrisches Bildexperiment nach ägyptischem Vorbild

Zu Planung und Ausführung der „Schlacht am Ulai"

Alter Orient und Altes Testament

Veröffentlichungen zur Kultur und Geschichte des Alten Orients
und des Alten Testaments

Band 266

Herausgegeber

Manfried Dietrich • Oswald Loretz

1999
Ugarit-Verlag
Münster

Ein assyrisches Bildexperiment nach ägyptischem Vorbild

Zu Planung und Ausführung der „Schlacht am Ulai"

Oskar Kaelin

1999
Ugarit-Verlag
Münster

Die Deutsche Bibliothek - CIP-Einheitsaufnahme

Kaelin, Oskar:
Ein assyrisches Bildexperiment nach ägyptischem Vorbild : zu
Planung und Ausführung der "Schlacht am Ulai" / Oskar Kaelin. -
Münster : Ugarit-Verl., 1999
  (Alter Orient und Altes Testament ; Bd. 266)
  ISBN 3-927120-80-4

© 1999 Ugarit-Verlag, Münster

Herstellung: Weihert-Druck GmbH, Darmstadt

Printed in Germany

ISBN 3-927120-80-4

Printed on acid-free paper

VORBEMERKUNG

Das vorliegende Werk ist die überarbeitete und erweiterte Fassung meiner Lizentiatsarbeit, die im Jahre 1996 an der Universität Basel geschrieben wurde. An dieser Stelle sei allen Personen gedankt, die mir bei der Beschaffung von in Basel und Bern nicht zugänglicher Literatur geholfen haben.

Besonderer Dank gebührt
Prof. Dr. R. Borger in Göttingen, der mir Auszüge aus seinen mir anfänglich noch nicht einsehbaren "Beiträgen zum Inschriftenwerk Assurbanipals" zur Verfügung stellte, ohne die die Arbeit einer wichtigen Grundlage hätte entbehren müssen,
Prof. Dr. M. Wäfler und Prof. Dr. E. Hornung für die Betreuung der Arbeit und für manchen Hinweis,
Prof. Dr. P. Attinger für das Überprüfen meiner Übersetzungen und den philologischen Rat,
Prof. Dr. M. Dietrich, Prof. Dr. O. Loretz und Prof. Dr. R. Mayer-Opificius für die Möglichkeit, die Arbeit zu publizieren.

Für das Layout sei Daniel Dall'Agnolo, Bern und für die Photos Herrn J. Zbinden, Bern, gedankt.
Ein ganz herzlicher Dank für das Korrekturlesen und für Feedbacks geht an Boris Schibler und Alice K. Heyne, Basel, sowie an (Al)Fred Hirt und Manuel Gerber, Bern.
Mein tiefster Dank sei Karin Althaus, Basel, ausgesprochen, die meiner Arbeit Zeit und kritische Aufmerksamkeit schenkte, und ohne die viele Fragen gar nicht aufgeworfen worden wären.

INHALTSVERZEICHNIS

0. Einleitung

653 v. Chr. schlägt der assyrische König Assurbanipal den elamischen Herrscher Tepti-Ḫumban-Inšušinak - in den assyrischen Texten Teumman genannt - bei einer Feldschlacht am Flusse Ulai[1]. Auf ihrem Rückweg nach Assyrien greifen die assyrischen Truppen die Gambuläer - babylonische Verbündete der Elamer - an. Ihr Hauptort Šapī̆bēl wird erobert und ihr Anführer Dunanu mit seiner Familie nach Assyrien gebracht, wo er zusammen mit weiteren Gegnern Assyriens hingerichtet wird.[2] Ziel und Folge der Offensive gegen Elam ist die Einsetzung von Ḫumban-nikaš II. - assyr. Ummanigaš - als neuen assyrientreuen Herrscher in Elam.[3]

In Ninive fand man zwei Reliefzyklen, die diese Schlacht und damit verbundene Ereignisse darstellen. Der ältere der beiden Zyklen befand sich in Raum XXXIII des Südwestpalastes, den Sanherib, Assurbanipals Grossvater, erbaut hatte.[4] Der Palast scheint Assurbanipal als Interims-Residenz gedient zu haben, während das baufällig gewordene Bīt-ridûti abgerissen und durch den Nordpalast ersetzt wurde.[5] In Raum I des Nordpalastes befand sich eine weitere Darstellung von Kämpfen gegen Elam. Durch Parallelen mit dem Zyklus des Südwestpalastes kann sie ebenfalls als Darstellung der Ereignisse um die Schlacht am Ulai angesehen werden.[6]

Weshalb Assurbanipal dieses Ereignis zweimal darstellen und überhaupt Räume des Südwestpalastes dekorieren liess, hat man bisher unterschiedlich zu erklären versucht: Er habe sein Bedürfnis nach Darstellung der eigenen Taten befriedigen wollen, solange sich sein eigener Palast noch im Bau befand[7], oder er habe den Zyklus als Denkmal für Sanherib anbringen lassen.[8]

Die Darstellung im Südwestpalast findet man in der Literatur zu den assyrischen Reliefs häufig beschrieben.[9] Sie fiel der Forschung als etwas Besonderes auf, allerdings mit unterschiedlicher Bewertung.

---

[1] Zur Lokalisierung des Ulai s. Vallat 1993: 338.

[2] Zu den historischen Hintergründen s. Mayer 1995: 405; Frame 1992: 121-125; Gerardi 1987: 135-157; Carter - Stolper 1984: 50;
Streck 1916:CCCXII - CCCXVI; zur Datierung s. Mayr 1933: 105 ff.; zur Schlacht: Córdoba 1997; Scurlock 1997.

[3] Gerardi 1987: 152-153.

[4] Dieser Reliefzyklus kann durch seine Beischriften Assurbanipal zugewiesen werden. Übersichtsplan bei Barnett 1976: Text-Plate 9. Für Pläne des Südwest-Palastes s. Paterson 1915: Plan; Russell 1991: am Ende des Buches.

[5] Nagel 1967: 4-8; Barnett 1976: 1-2.

[6] Pläne des Nord-Palastes bei Barnett 1976: Text-Pl. 6-8.

[7] Nagel 1967: 9.

[8] Barnett-Lorenzini 1975:34.

[9] Z. B. Curtis - Reade 1995: 72 - 77; Bachelot 1991a: 82-83; Frankfort 1970: 179-186.

So schrieb Curtius:

> "[...] alle Kritik muss verstummen vor seinem Erfindungsreichtum und der Grösse seines Entwurfs"[10],

während Potratz äusserte:

> "Die künstlerische Entwicklung war definitiv hängengeblieben. Schon unter Sanherib war man im Grunde genommen weiter gewesen. Hier unter Assurbanipal bewegt man sich hoffnungslos im Zirkel. Es fand sich keine Intuition oder Anregung, die den endgültigen Durchbruch aus der Gewöhnung hätte erzwingen können."[11]

Nagel wiederum war der Meinung,

> "daß wir es bei der Ulai-Schlacht mit einem Werk zu tun haben, dessen Meister ganz neue Wege einschlug - in einer Richtung allerdings, die letztenendes in eine künstlerische Sackgasse und daher zu keinem bahnbrechenden Erfolg führte."[12]

Auch Matthiae schrieb über diese "splendida rappresentazione":

> "In questa celebre rappresentazione narrativa il prorompente realismo di ogni singolo episodio conferisce all'insieme, attraverso l'estrema diversificazione dei particolari, una drammaticità senza precedenti in cui appare con vigore inaudito tutto l'orrore della guerra" (...) "si sostituice ora, con accenti del più crudo verismo, un'immensa azione corale in cui, senza poli né ritmi emergenti sono protagonisti moltitudini innumerevoli di armati impegnate in una carneficina spietata tra il fiume e la piana."[13]

Zuletzt soll hier noch Barnett zitiert werden:

> "Diese anspruchsvolle Konzeption hat im Altertum nicht ihresgleichen, ausgenommen vielleicht die bildliche Beschreibung des ägyptischen Sieges über die Hethiter bei Kadesch [...]".

Barnett fragte sich weiter, ob ein

> "Meistersteinmetz Assurbanipals Ägypten besucht [hat], als das königliche Heer dort einfiel."[14]

In dieser Arbeit soll dem "Besonderen" dieser Darstellung nachgegangen werden, soll untersucht werden, worin sie sich von der Darstellung im Nordpalast und von der assyrischen Tradition unterscheidet.

---

[10]   Curtius 1923: 282.
[11]   Potratz 1961: 268.
[12]   Nagel 1967: 29.
[13]   Matthiae 1996: 76-78.
[14]   Barnett - Forman o. J.: 23; ebenso: Barnett 1976: 7.

Das schriftliche Quellenmaterial zu diesem Ereignis und zu den Darstellungen ist verhältnismässig reich. Neben den Schilderungen in den Annalen sind uns Fragmente mehrerer Tontafeln bekannt, die Vorschläge für Beischriften zu den Reliefzyklen enthalten. Einige der Vorschläge finden sich auf den Reliefs - hauptsächlich des Südwestpalastes - in Beischriften umgesetzt.[15]

Weitere Gruppen von Beischriftenvorschlägen beziehen sich auf andere Reliefzyklen: Ereignisse mit weiteren elamischen Königen, wie Tammaritu und Ummanigaš, oder mit Ammuladi, König von Arabien und Aṭija, Königin von Arabien, sollten dargestellt werden und wurden zum Teil tatsächlich im Nordpalast dargestellt.[16] Sie werden in einem Exkurs ebenfalls betrachtet.

Am Anfang der Arbeit soll eine Beschreibung der beiden Reliefzyklen zur Ulai-Schlacht auf die in den Darstellungen verwendeten Bildelemente aufmerksam machen. Sie dient als Grundlage für den daran anschliessenden Vergleich zwischen den bildlichen und den schriftlichen Quellen.

Die auf Tontafeln erhaltenen Vorschläge werden miteinander und mit den erhaltenen Reliefs verglichen. Dadurch wird eine Identifikation einzelner Szenen, die durch keine Beischrift näher erläutert sind, möglich. Ausserdem ergibt sich ein Einblick in das Verfahren bei der Planung von Reliefzyklen.

Die Identifikation der dargestellten historischen Episoden ermöglicht es, die narrative Struktur der Reliefzyklen nachzuvollziehen. Ein Vergleich mit der assyrischen Tradition wird zeigen, dass die Darstellung des Südwestpalastes sich nicht nur neuer Bildelemente, sondern auch einer in Assyrien einmaligen narrativen Struktur bedient.

Da sich die einzigen nicht-assyrischen Schlachtendarstellungen zu jener Zeit in Ägypten befanden, sollen diese auf eine Vorbildsfunktion hin untersucht werden. Das Ergebnis, nämlich dass sich sowohl die neuen Bildelemente, als auch die narrative Struktur in Ägypten nachweisen lassen, wirft die Frage nach dem Weg und dem Grund der Rezeption auf.

---

[15] Borger 1996: 297-307; Gerardi 1987: 138-144; Weidner 1932-1933: 175-191.
[16] Diese Zyklen werden nicht so ausführlich wie diejenigen zur Ulai-Schlacht behandelt. Für die Beischriftenvorschläge s. Borger 1996: 307, 319; Weidner 1932-1933: 191-203.

1. Die Darstellungen der Schlacht am Ulai

Im Folgenden werden die beiden Darstellungen der Schlacht am Ulai in einzelne Szenen unterteilt und beschrieben. Um den Verweis auf relevante Szenen in den späteren Kapiteln einfacher zu gestalten, werden sie durchnumeriert. Die Numerierung bezeichnet nicht die Leserichtung. Sie ist lediglich eine Arbeitshilfe und musste der Erschliessung der eigentlichen narrativen Struktur durch die Analyse notwendig vorausgehen.[17] Eine Übersetzung der Beischriften findet sich im Anhang.[18] Den Szenen, die mit einer Beischrift erläutert sind, ist diese in Übersetzung beigefügt.

1.1. Der Südwestpalast, Raum XXXIII

In dem von Sanherib erbauten Südwestpalast[19] auf dem Hügel Qūyunǧuq, dem alten Ninive, sind einzelne Räume von Assurbanipal (um-)dekoriert worden.[20] Teils standen noch undekorierte Wandplatten in den Räumen, die nur geschnitten werden mussten, teils wurden bereits unter Sanherib dekorierte Platten umgedreht und deren Rückseite bearbeitet.[21]

In Raum XXXIII ist einer der beiden Zyklen zu den Ereignissen und Folgen der Schlacht am Ulai dargestellt.[22] Wegen einiger antiquarischer Merkmale, die die Darstellung mit den Reliefs Sanheribs gemein hat, gilt sie als einziges Beispiel des "Frühen Stils" unter Assurbanipal.[23] Da alle anderen Reliefs Assurbanipals dem "reifen", also späteren Stil zugewiesen werden können, wäre

---

[17] Die Numerierung der Szenen sind auf folgenden Vorlagen angebracht:
SW-Palast, Raum XXXIII: Layard 1853a: Pl. XLV-XLIX.
N-Palast, Raum I: Reade 1979a: Tf. 21-23; Reade 1979b: Tf. 2b; Reade 1964: Pl. IVa.
Da die einzelnen Photos und Darstellungen nicht immer ganz vollständig sind, müssen sie in einzelnen Fällen zusammen konsultiert werden, um sämtliche Details einer Szene zu erkennen. So fehlt z. B. auf dem Photo bei Paterson 1915: Pl. 62 der linke Rand von Platte 1 aus Raum XXXIII. Er ist auf der Zeichnung Layards (1853a: XLV) zu sehen. Ein weiteres Beispiel ist Szene 33 des Nordpalastes: Bei Barnett 1976: Plate XXVI ist auf der Zeichnung von Platte 9 die Königstiara zu erkennen, und auf dem Photo hingegen ein Kopf, über dem ein Opfer dargebracht wird.

[18] Die Umschrift findet sich bei Gerardi 1987: 274 ff. bzw. 1988: 29 ff. Dazu: Borger 1996: 297 ff.

[19] Zum Südwestpalast s. Paterson 1915, Russell 1991.

[20] Für Kriterien zur Unterscheidung der Reliefs Assurbanipals von denen Sanheribs s. Russell 1991: 117 ff., Nagel1967: 31 ff., Hrouda 1965: 115 ff.

[21] Z. B. in Raum XXII, s. Layard 1853b: 230 - 231; dazu: Nagel 1967: 37 - 38.

[22] Reade 1979a:107; Nagel 1967:18 f.

[23] Nagel 1967: 27-30.

die Darstellung in Raum XXXIIII somit auch der früheste unter Assurbanipal entstandene Reliefzyklus.

1.1.1. Raum XXXIII

Erhalten sind sechs Platten, von denen sich je drei links (Übersicht 1) und rechts (Übersicht 2) von einem Durchgang befanden.[24] Auf ihrer Rückseite steht der Name Sanheribs - sie wurden also bereits unter seiner Herrschaft im Raum aufgestellt.[25] Die Reliefplatten sind horizontal in zwei Register eingeteilt. Die dadurch entstandenen vier grossen Bildfelder sind durch Standlinien gegliedert.

Links vom Durchgang ist das obere Register (I) stark zerstört. Es lassen sich gerade noch Reste einer Reihe von Gefangenen erkennen, die sich in Richtung einer Bestrafungsszene bewegen. Im unteren Register (II) ist die Schlacht zu sehen.

Rechts vom Durchgang sind im oberen Register (III) der König und seine Soldaten dargestellt, wie sie Hinrichtungen beiwohnen. Im unteren Register (IV) ist eine Stadt dargestellt, deren Bevölkerung eine assyrische Truppe empfängt.

Register I

1. Standlinie

Davon sind nur noch auf Platte 3 einige Spuren erhalten. Auf Platte 1 und 2 ist die Standlinie vollständig abgebrochen.

Szene 1:   Zu sehen sind Füsse und Gewandsäume

2. Standlinie

Davon sind auf Platte 1 gerade noch Spuren, auf Platte 3 etwa die Hälfte erhalten.

Szene 2:   Es sind noch Füsse, Reste eines langen Kleides mit breitem Saum und die Reste eines Knienden zu sehen.

Szene 3:   Eine Reihe von Männern und Frauen, von denen einige Kinder an der Hand halten, schreiten nach links. Die Männer tragen babylonische Mäntel mit einem kurzen, die Frauen mit einem langen Hemd, während die Kinder nackt dargestellt sind. Die meisten Erwachsenen halten die Arme angewinkelt nach oben. Sie

---

[24]   Platten 1-3   Zeichnungen: Layard 1853a: Pl.XLV-XLVI. Photos: Paterson 1915: 62-64, Curtis - Reade 1995: 74-75.
Platten 4-6   Zeichnungen: Layard 1853a: Tf.XLVII-XLIX. Photos: Paterson 1915: 65-66. Für Photos mit grösseren Ausschnitten der Darstellungen s. Barnett - Lorenzini 1975: Tf. 138 (Register I und II); Barnett - Forman o. J.: Tf. 118 - 119 (Register I und II). Detail-Aufnahmen sind bei den einzelnen Szenen vermerkt.

[25]   Layard 1853b: 459.

werden von einem zum Schlag ausholenden Söldner aus Kargamiš[26] angetrieben.[27]

3. Standlinie

Von der 3. Standlinie ist ein kleiner Ausschnitt auf Platte 1, Spuren auf Platte 2 und fast die ganze auf Platte 3 erhalten.

Szene 4:[28]   (Abb. 1) Hinter zwei knienden Gefangenen, die beide durch ein Seil am Hals festgehalten werden, stehen jeweils zwei Assyrer. Der linke der beiden Gefangenen trägt einen babylonischen Mantel mit breitem Saum, der rechte scheint nur ein Hemd mit Gürtel zu tragen. An ihren Füssen sind noch Fesseln zu erkennen. Sie knien vor Reibsteinen und mahlen, wozu sie von den Assyrern mit Stöcken angetrieben werden. Auf dem rechten Reibstein ist das zu Mahlende angedeutet.

An der rechten Abbruchkante sind noch die Köpfe und Oberkörper von zwei weiteren Assyrern zu sehen, ebenfalls mit ausholenden Armen, und die Andeutung des Kopfes eines weiteren Knienden. Beim linken Abbruch sind noch der Rücken eines und die Beine zweier Assyrer erhalten, die wohl die gleiche Tätigkeit ausüben.

Szene 5:   Es sind lediglich noch ein paar Füsse zu sehen.

Szene 6:   Eine Reihe von Männern, Frauen und Kindern, die wie in Szene 3 die babylonische Tracht tragen und die Arme angewinkelt halten, gehen nach links. Sie werden von einem assyrischen und zwei südbabylonischen[29] Soldaten angetrieben. An der abgebrochenen Stelle sind noch Füsse zu erkennen.

Register II

Im unteren Register wird im linken wie im rechten Randbereich der Darstellung die Einteilung in Standlinien aufgelöst. Im linken Bereich ist ein Hügel dargestellt, im rechten Ereignisse an einem Fluss. Dabei handelt es sich wohl um den Hügel Til-Tubu und den Fluss Ulai. Von der Mitte der zweiten Platte an nach rechts werden auf allen drei Standlinien Laubbäume[30] dargestellt, die auf den wäldlichen Charakter der Gegend hinweisen. Die assyrischen Truppen

---

[26]   Vgl. Wäfler 1975: 223 f.

[27]   Nach Paterson 1915: Tf. 62-64 und Reade 1979a: Tf. 18 gehört noch ein kleines Fragment mit zwei weiteren Babyloniern dazu.

[28]   Barnett - Forman o. J.: Tf. 130.

[29]   Da nach Wäfler 1975: 225 Anm. 1177 der gemusterte Zipfelrock auch Merkmal von Südbabyloniern sein kann, und die Soldaten dieselbe Haartracht wie die gefangenen Babylonier haben, bezeichne ich die beiden nicht-assyrischen Söldner als Südbabylonier.

[30]   Bleibtreu 1980: 215 ff.

Abb. 1   Szene 4: Babylonier beim Mahlen, von Assyrern angetrieben.

greifen von links her an und treiben die Elamer[31] nach rechts in den Ulai. In der Mitte der 2. Platte laufen die unterteilenden Standlinien nacheinander aus, wodurch die Flucht der Elamer noch überstürzter erscheint.

Es sollen zunächst diese beiden äusseren Bereiche beschrieben werden. Anschliessend werden die einzelnen Standlinien von links nach rechts betrachtet.

Linker Bereich

Die unvollständigen Pferde und Menschen am linken Rand der Platte lassen vermuten, dass links davon mindestens noch eine weitere Platte gestanden haben muss.

Szene 7:[32]   Assyrische Soldaten treiben elamische Soldaten, von denen einige bereits von Pfeilen getroffen sind, den Hügel hinunter.

Szene 8:   Einige Elamer liegen getroffen am Boden, einer von ihnen scheint den Hügel hinunterzustürzen.

Szene 9:[33]   Ein von einem Pfeil getroffener elamischer Soldat sitzt auf einem stürzenden Pferd. Hinter ihm betritt ein weiterer Elamer das Bild.

---

[31]   Zur elamischen Tracht: Calmeyer 1988: 28-29; Reade 1976: 97-99.
[32]   Barnett - Lorenzini 1975: Tf. 145.
[33]   Barnett - Lorenzini 1975: Tf. 146; Barnett - Forman o. J.: Tf. 127.

Szene 10:[34]   Ein Soldat, der Tracht nach aus Sam'al oder Que[35], entreisst ei-
                  nem wohl toten Elamer einen Gegenstand.[36]
Szene 11:   Zuunterst prescht ein Pferd mit einem achtspeichigen Wagen und
                  zwei Elamern über einen Gefallenen hinweg auf einen assyri-
                  schen Krieger mit erhobenem Schwert zu. Hinter dem Wagen
                  sieht man noch einen Elamer, der von einem anderen Pferd über-
                  rannt wird. Von diesem Pferd sind gerade noch Kopf und Vor-
                  derbeine erhalten.

Rechter Bereich

Szene 12:[37]   Dieser Bereich wird von der Darstellung eines Flusses domi-
                  niert. An seinem Ufer sind einige Pflanzen zu sehen. Im Fluss
                  treiben tödlich verwundete Elamer und tote Pferde, Köcher und
                  Bogen der Gefallenen, daneben schwimmen Fische und Krab-
                  ben. Am Ufer stehen drei Assyrer, die Elamer in den Fluss trei-
                  ben oder bereits im Fluss befindliche Elamer angreifen.

4 . Standlinie (von links nach rechts)

Szene 13:[38]   (Abb. 2) Ein von einem Pferd gezogener zwölfspeichiger Wa-
                  gen, auf dem drei Soldaten und der Wagenlenker sitzen, fährt
                  von einem Zelt weg. Zwei der Soldaten sitzen verkehrt auf dem
                  Wagen und lassen die Beine über den Wagenrand hängen. Sie
                  halten Pfeile und Bogen in den Händen. Hinter dem Lenker sitzt
                  ein Assyrer, der in Fahrtrichtung blickt und einen Kopf in die
                  Höhe hält. Unter den Pferden liegen Leichen und vor dem Zelt
                  ein Enthaupteter. Über der Szene steht Beischrift SWB 1:

                  [1]Kopf des Teum[man   ], [2]den inmitten der Schla[cht   ] [3]ein gemeiner Sol-
                  dat meiner Truppe [2][   ]. [4]Als Freudenbot[schaft] sandte man ihn eiligst
                  nach As[syrien].

Szene 14:[39]   (Abb. 3) Im einem Zelt stehen drei Elamer. Das Register ist hier
                  etwas zerstört, doch lassen sich unter der zerstörten Stelle noch
                  die Beine bzw. Gewänder von zwei weiteren Personen, wohl
                  Assyrern, ausmachen, die neben einem Haufen abgeschnittener
                  Köpfe stehen. Rechts vom Zelt liegen die Körper von geköpften

---

[34]   Barnett - Lorenzini 1975: Tf. 146; Curtis - Reade 1995: 72; Photos: Wäfler 1975: Taf. 15, 2.
[35]   Wäfler 1975: 182.
[36]   Anders: Curtis - Reade 1995: 72.
[37]   Barnett - Forman o. J.: Tf. 125; Curtis - Reade 1995: 73 (Detail).
[38]   Barnett - Lorenzini 1975: Tf. 151; Curtis - Reade 1995: 76.
[39]   Barnett - Lorenzini 1975: Tf. 150 (Ausschnitt) ; Barnett - Forman o. J.: Tf. 131 (Aus-
       schnitt); Reade 1979c: Fig. 6.

Abb. 2   Szene 13: Teummans Kopf wird nach Ninive gebracht.

Abb. 3   Szene 14: Elamer im assyrischen Zelt.

Abb. 4   Szene 17: Teumman und sein Sohn stürzen aus dem Wagen.

<table>
<tr><td></td><td>Elamern. Zwei Assyrer mit Speeren bringen weitere Köpfe in das Zelt.</td></tr>
</table>

Elamern. Zwei Assyrer mit Speeren bringen weitere Köpfe in das Zelt.

Szene 15:   Hinter den beiden Assyrern hält ein Elamer die Zügel eines vor einem Wagen gespannten Pferdes. Vom Wagen selbst ist wegen der Abbruchstelle am linken Rand der Platte 2 nur noch das zwölfspeichige Rad erhalten. Unter dem Pferd liegt ein Gefallener.

Szene 16:   Ein Assyrer - von ihm ist nur noch der Unterleib erhalten - schreitet in Richtung des Zeltes. An seinem Rücken ist noch ein abstehendes Schwert und an seinem Rock der Rest eines geschulterten Bogens zu erkennen. Rechts daneben ist eine grössere Gruppe von übereinander liegenden Leichen zu sehen, darunter einige Enthauptete. Die Gruppe durchbricht die Standlinie.

Im anschliessenden Bereich ist unbestimmbares Laubgehölz[40] dargestellt. Ausserdem endet die Standlinie.

Szene 17:[41]   (Abb. 4) Ein Vierspänner mit sechzehnspeichigen Rädern ist umgestürzt, zwei geschmückte Pferde springen nach links, zwei nach rechts. Vom Wagen stürzen zwei Personen: Die eine trägt ein langes Gewand mit einem mit Rosetten ornamentierten Fransensaum. Sein Begleiter trägt ein einfaches Gewand. Dabei handelt

---

[40]   Bleibtreu 1980: 215 f.
[41]   Barnett - Lorenzini 1975: Tf. 139;   Barnett - Forman o. J.: Tf. 121;   Curtis - Reade 1995: 73.

Abb. 5   Szene 18: Teumman und sein Sohn auf der Flucht.

es sich um den elamischen König Teumman und seinen Sohn. Beim Sturz verliert Teumman seine Kopfbedeckung - eine Kappe mit einer Feder oder einem Band.[42]

Szene 18:[43]   (Abb. 5) Der gebückte, von einem Pfeil getroffene elamische König wird von seinem Sohn, der einen Bogen geschultert hat, an der Hand gehalten.

[42]   Zur Tracht des elamischen Herrschers s. Calmeyer 1988: 28.
[43]   Barnett - Lorenzini 1975: Tf. 141.

Szene 19:[44] (Abb. 6) Vier Assyrer, die zwei mittleren mit Speer und Schild, der vorderste mit einer Axt und der hinterste mit Pfeil und Bogen, schreiten auf den elamischen König und seinen Sohn zu. Teumman kniet, sein Sohn hält seinen Bogen gespannt. Hinter den beiden gehen zwei Assyrer auf sie zu, die mit einer Axt bzw. einer Keule zum Schlag ausholen. Die Szene ist auf einer Standlinie inmitten des Getümmels dargestellt. Über der Szene steht Beischrift SWB 3:

[1]Teumman [2]sprach [1]in Verzweiflung [2]zu seinem Sohn: [3]"Hebe den Bogen!"

Szene 20:[45] (Abb. 7) Ein Assyrer mit Köcher und einem geschulterten Bogen erschlägt mit einer Keule den Sohn des elamischen Königs.

Szene 21:[46] (Abb. 7) Ein Assyrer mit geschultertem Bogen zieht den Kopf des tot am Boden liegenden elamischen Königs mit der linken Hand an den Haaren hoch und schneidet ihn mit der Rechten ab. Quer über den Beinen des Königs liegt die Leiche seines enthaupteten Sohnes. Über den letzten beiden Szenen erläutert Beischrift SWB 4:

[1]Teumman, der König von Elam, der in der mächtigen Schlacht [2]verwundet worden war (und) Tam(ma)ritu, sein ältester Sohn, [3]der seine Hände ergriffen hatte; um ihr Leben zu retten,[4]flohen sie und "schlüpften" in den Wald. [5]Durch den Beistand Assurs und Ištars tötete ich sie.[6]Ihre Köpfe schnitt ich ihnen einander gegenüber ab.

Szene 22:[47] Über den letzten beiden Beischriften sind von Pfeilen durchbohrte, tote Elamer zu sehen, auf die sich bereits Aasvögel gestürzt haben.

Szene 23: (Abb. 7) Rechts unterhalb der Szene 21 sammelt derselbe Assyrer wie in Szene 21, allerdings den Bogen in der Hand haltend, den Kopfschmuck des elamischen Königs und einen Köcher, vermutlich den des Sohnes, ein. Vor ihm liegen tote Elamer.

Szene 24: Der Assyrer mit geschultertem Bogen geht nach links und hält dabei einen abgeschnittenen Kopf in der linken Hand, während er in der rechten ein Schwert hält. Vor ihm liegen einige Leichen.

[44] Barnett - Lorenzini 1975: Tf. 142.
[45] Barnett - Lorenzini 1975: Tf. 144; Curtis - Reade 1995: 76.
[46] Barnett - Lorenzini 1975: Tf. 144; Barnett - Forman o. J.: Tf. 124 (Beischrift); Curtis - Reade 1995: 76.
[47] Barnett - Forman o. J.: Tf. 124.

Abb. 6   Szene 19: Teumman und sein Sohn werden überwältigt.

Abb. 7   Szenen 20, 21, 23 u.a.: Der Assyrer mit dem Bogen köpft Teumman, hebt dessen
Insignien auf und bringt den Kopf weg.

An dieser Stelle "spurt" die Handlung wieder auf eine Standlinie ein, die durch am Boden liegende Leichen bereits angedeutet ist.

5. Standlinie (von links nach rechts)

Szene 25:[48] Ein Pferd vor einem achtspeichigen Wagen sprengt über einen am Boden liegenden Elamer hinweg. Auf dem Wagen stehen zwei Elamer. Der Lenker scheint gerade vom Wagen zu fallen, während der Bogenschütze die Bogenhand hoch und die andere Hand über seinen Kopf hält. Über dem Wagen liegen die Leichen von Elamern.

Szene 26: Ein Assyrer sticht mit dem Speer einen Elamer nieder, der zu Füssen zweier Assyrer stürzt.

Szene 27:[49] Ein zwölfspeichiger Wagen wird von zwei Seiten von Assyrern angegriffen. Links hinter dem Wagen steht ein Assyrer mit Speer und ein Bogenschütze aus Kargamiš[50]. Einer der drei Elamer auf dem Wagen ist von Pfeilen getroffen, der hinterste wird vom Speer des Assyrers durchbohrt. Der vorderste Elamer fällt ebenfalls vom Wagen, hinter dem ein Assyrer steht. Zwei Assyrer versperren mit ausgeholtem Speer den beiden strauchelnden Wagenpferden von rechts den Weg. Die Hinterteile der Pferde sind einer Abbruchstelle zum Opfer gefallen. Über ihnen ist noch ein gefallener Elamer zu sehen.

Szene 28: Ein Assyrer mit Turmschild ersticht mit dem Speer einen Elamer, der über einen bereits Gefallenen stürzt. Über der Szene bzw. über dem Pferd der nächsten Szene liegt ein toter Elamer.

Szene 29:[51] (Abb. 8) Ein Elamer sitzt von zwei Pfeilen getroffen am Boden und stützt sich mit dem rechten Arm ab, während er die linke Hand an seinen Hals hält. Neben ihm steht ein Assyrer, der den Speer auf den Boden gestellt hat und ein Pferd an den Zügeln hält. Über der Szene lautet die Beischrift SWB 2:

[1]Urtaku, der "Verschwägerte" des Teumman, [2]der (zwar) durch einen [Pf]eil verwundet worden war, das Leben (aber) nicht beendet hatte, [4]rief, [3]um seinen eigenen Kopf abzusch[neiden], einen Assyrer [4]folgendermassen: "Komm, schneid' ab den Kopf! [5]Bringe ihn vor den König, deinen Herrn, und empfange (dafür) einen guten Namen!"

---

[48] Barnett - Lorenzini 1975: Tf. 147.
[49] Barnett - Lorenzini 1975: Tf. 149.
[50] Vgl. Wäfler 1975: 223 f.
[51] Barnett - Lorenzini 1975: Tf. 140; Barnett - Forman o. J.: Tf. 123; Curtis - Reade 1995: 77.

Abb. 8   Szene 29: Urtaku bittet um seinen Tod.

Abb. 9   Szene 31: Ituni durchschneidet seinen Bogen.

Szene 30:   Im Buschwerk liegen tote Elamer. Ein Assyrer, das Schwert noch in der Hand, trägt einen abgeschnittenen Kopf vor sich her.

Szene 31:[52]   (Abb. 9) Ein bartloser Elamer mit Bändern und Gurten am Gewand setzt ein Messer an seinen, auf den Boden gestellten Bogen an. Ein Assyrer hält ihn an den Haaren gepackt und holt mit einem Messer in der Hand aus. Rechts über dem Elamer liegt ein weiterer bartloser Elamer tot im Gebüsch.

Durch die parallele, dort aber beigeschriebene Szene 1 in Raum I des Nordpalastes lässt sich der Elamer als Ituni identifizieren.[53]

6. Standlinie

Szene 32:[54]   Ein Bogenschütze aus Kargamiš[55] hält den Bogen schussbereit, hinter ihm steht ein Assyrer mit Rundschild, der mit einem Speer gerade einen Elamer niedersticht. Zu Füssen des Elamers bricht ein weiterer Elamer von Pfeilen getroffen zusammen. Zwei Elamer laufen nach rechts und blicken mit gespannten Bogen nach hinten.

Szene 33:   Ein Assyrer tötet mit dem Speer einen Elamer.

Szene 34:   Ein Bogenschütze aus Kargamiš[56] zielt mit gespanntem Bogen in Richtung eines bartlosen elamischen Reiters. Der Reiter blickt zurück und hält den rechten Arm hoch, während er mit dem linken Arm den Hals seines strauchelnden Pferdes umfasst.

Szene 35:   Vor dem Pferd scheint ein bartloser Elamer in die Knie zu fallen.

Szene 36:   Auf der anschliessenden Platte 2 ist ein Assyrer mit Speer dargestellt, der einen Elamer niedersticht. Vor dem Assyrer ist noch ein Arm mit einem gespanntem Bogen zu sehen. Über dem Elamer liegt der Leichnam eines Landsmannes.

Szene 37:[57]   Ein Assyrer mit gespanntem Bogen reitet über einen stürzenden Elamer hinweg. Unter dem Pferd liegt die Leiche eines Elamers.

Szene 38:[58]   Ein Elamer mit hängenden Armen ist von einem Pfeil getroffen. Vor ihm liegen zwei, über ihm eine weitere Leiche.

---

[52] Barnett - Lorenzini 1975: Tf. 143; Reade 1979b: Tf. 2a.

[53] Dazu: Calmeyer 1988: 32 ff., 44; Reade 1979b: 25; Nagel 1967: 29-30.

[54] Barnett - Lorenzini 1975: Tf. 148; Barnett - Forman o. J.: Tf. 126.

[55] Vgl. Wäfler 1975: 223 f.

[56] Vgl. Wäfler 1975: 223 f.

[57] Barnett - Lorenzini 1975: Tf. 153; Barnett - Forman o. J.: Tf. 122; auf der Zeichnung blickt der Elamer zum Reiter hoch, doch zeigen die Photos, dass er nach vorne schaut.

[58] Barnett - Forman o. J.: Tf. 122.

Szene 39:	Ein Assyrer schiesst mit dem Bogen, ein weiterer tötet mit seinem Speer einen Elamer. Hinter dem zu Boden sinkenden Elamer steht ein zweiter, der die Hände nach oben geworfen hat. Über ihnen liegt ein toter Elamer.
Szene 40:	Ein Elamer hält die rechte Hand nach hinten hoch, die linke mit einem Bogen nach unten. Über ihm liegt ein toter Elamer.
Szene 41:	Ein Assyrer ersticht mit dem Speer einen fallenden Elamer. Über ihnen liegen zwei weitere tote Elamer.
Szene 42:	Ein reitender Assyrer galoppiert über einen Toten hinweg und tötet mit den Speer einen fliehenden Elamer. Ein Elamer stellt sich mit gespanntem Bogen den herankommenden Assyrern entgegen. Über ihnen liegt die Leiche eines Elamers.
Szene 43:	Ein assyrischer Reiter sticht mit seinem Speer auf einen elamischen Reiter ein, der mit erhobenem rechtem Arm noch auf seinem stürzenden Pferd sitzt. Dem elamischen Reiter stellt sich ein Assyrer mit Speer in den Weg, der teilweise vom Pferd der nächsten Szene verdeckt ist. Unter dem assyrischen Pferd liegt die Leiche eines Elamers.
Szene 44:[59]	Zwei assyrische Reiter, der eine mit einem Bogen, der andere mit einem Speer bewaffnet, galoppieren über einen liegenden Elamer hinweg, während sie zwei weitere Elamer in den Fluss treiben.

Register III

1. Standlinie

Szene 45:	Links sieht man zunächst zwei Beinpaare assyrischer Soldaten, die im Gegensatz zu den vorausgehenden Soldaten keinen Schild halten, da man diesen bei den Beinen sehen müsste. Die nächsten beiden Soldaten waren durch einen Baum getrennt, dessen Stamm zwischen den beiden Beinpaaren noch zu sehen ist. Vom fünften Soldaten sieht man ebenfalls nur die Beine, Rundschild und Speer. Der sechste ist bis zu den Hüften erhalten, der siebte fast vollständig. Beide tragen Rundschild und Speer. Der achte und der neunte der erhaltenen Soldaten halten statt des Rundschildes den Turmschild, ebenfalls auf den Boden gestellt. Die Soldaten stehen eng hintereinander. Neben den Köpfen sind Baumkronen zu sehen. Vor einer grösseren Abbruchstelle sind noch ein Bein und der untere Rand eines Turmschildes zu erkennen.

---

[59] Barnett - Lorenzini 1975: Tf. 154; Barnett - Forman o. J.: Tf. 120.

Szene 46:   Danach erscheinen als erstes wieder Füsse und zwischen den
              einzelnen Fusspaaren Baumstämme. Die letzten drei Soldaten
              sind bis auf Höhe der Hüften erhalten. Die Soldaten stehen in
              ziemlich grossen Abständen hintereinander und sind immer durch
              einen Baum voneinander getrennt.
Szene 47:   Hier stehen abwechselnd hohe und niedrige Nadelbäume.[60]

2. *Standlinie*

Szene 48:   Nach einer Abbruchstelle, durch die etwa ein Viertel der Stand-
              linie fehlt, folgt eine Reihe von acht Assyrern. Vom ersten sind
              gerade noch die Beine erhalten. Die anderen Soldaten halten ihre
              Hände auf Höhe des Bauches gefaltet.
Szene 49:[61] (Abb. 10) Zwei Männer mit langem Hemd (der obere scheint ein
              Stirnband zu tragen, der untere eine Kappe) stehen gebeugt über
              zwei Gefangenen, die an Händen und Füssen durch Seile am
              Boden festgepflockt worden sind. Die beiden Männer schneiden
              mit Messern den beiden Gefangenen die Haut ab. Ein gebeugter
              Assyrer weist mit dem Arm in Richtung der Gefangenen (oder
              der Männer im Hemd). Über der Szene lautet Beischrift SWB 5:

              [1]Dem [PN] LEERRAUM und [PN]LEERRAUM, die vor Assur, [2]dem Gott, meinem
              Erzeuger, grosse Unverschämtheiten sprachen, [3]riss ich ihre Zunge aus, zog
              ich ihre Haut ab.

Szene 50:   Ein Assyrer überreicht einem weiteren Assyrer, einen abgeschnit-
              tenen Kopf, der er an einem Seil hängt, das durch die Kinnpartie
              geführt ist.
Szene 51:   (Abb. 11) Um den Hals eines Gefangenen mit Fussfesseln, der
              einen babylonischen Mantel über einem kurzen Hemd trägt, hängt
              ein abgeschnittener Kopf. Der Babylonier geht auf eine Gruppe
              von drei Assyrern zu, von denen die Oberkörper nicht mehr er-
              halten sind.
Szene 52:   Auf diese Gruppe schreitet von rechts ein Urartäer[62] zu. Zwei
              Assyrer stehen hinter ihm und blicken in dieselbe Richtung.
Szene 53:   Hinter den beiden Assyrern steht eine Gruppe von neun weite-
              ren Assyrern, abwechselnd bärtige und bartlose, die nach rechts
              zum König blicken.

[60]   Bleibtreu 1980: 224 ff.
[61]   Barnett - Lorenzini 1975: Tf. 152.
[62]   Vgl. Wäfler 1975: 251 ff.

Abb. 10   Szene 49: Zwei Gefangene werden gehäutet.

Abb. 11   Oben (Szene 51):   Ein Babylonier mit umgehängtem Kopf.
           Unten: (Szene 57):   Ein Babylonier wird bespuckt.

3. Standlinie

Szene 54:   Auf eine kleine unbearbeitete Fläche folgt eine Gruppe von drei
                Assyrern und zwei Pferden. Der mittlere Assyrer hat einen Ge-
                genstand geschultert und führt eines der Pferde am Zügel. Der
                vorderste führt das andere Pferd. Was der hinterste Assyrer macht,
                ist nicht zu erkennen.[63]

Szene 55:   Rechts davon stehen zwei Urartäer[64], ein bärtiger und ein bartlo-
                ser, hinter drei Assyrern. Der vorderste Assyrer hält den rechten
                Arm nach oben.

Szene 56:   (Abb. 12) Fünf Assyrer beteiligen sich an der Folter zweier Per-
                sonen, die mit einem knielangen Hemd bekleidet sind. Ein As-
                syrer zieht den oberen Gefangenen an einem Seil, das an dessen
                Kinn oder Hals befestigt zu sein scheint, nach hinten, während
                ein anderer ihn am Gewand haltend aus dem Gleichgewicht
                bringt, so dass er auf den Rücken fällt. Zwei weitere Assyrer
                halten den unteren Gefangenen an Kopf und Füssen fest, wäh-
                rend der fünfte sich an dessen Kopf bzw. Hals zu schaffen macht.
                Die Szene kann aber auch als zwei Phasen mit der selben Figur
                im langen Gewand verstanden werden: Oben wird sie umgewor-
                fen und unten getötet.[65] Rechts davon zeigen drei weitere Assy-
                rer auf das Geschehen.

Szene 57:[66]   (Abb. 11 und 13) Zwei Babylonier stehen sich gegenüber. Dem
                linken hängt ein Kopf um den Hals. Der rechte packt ihn an der
                Schulter, hält den rechten Arm in die Luft und speit dem ande-
                ren ins Gesicht.

Szene 58:   Ein Urartäer[67] geht nach links. Vor ihm stehen zwei Assyrer, die
                auf Szene 57 weisen. Hinter ihm stehen zwei weitere Assyrer.

Szene 59:   Es folgen sechs Assyrer im langen Gewand, die nach rechts zum
                König blicken.

Szene 60:[68]   (Abb. 14) Zwei Urartäer[69] gefolgt von drei Assyrern werden von
                einem weiteren Assyrer vor den König geführt. Ihnen werden
                zwei Elamer gegenübergestellt, von denen der eine eine Tafel in

---

[63]   Nach Layards Zeichnung (1853a: Pl. XIVII) hält er den Arm nach hinten hoch, und könnte
        ebenfalls ein Pferd führen. Auf den Photos (z. B. Paterson 1915: Tf. 65 o. Reade 1979a:
        Tf. 18) ist allerdings kaum etwas zu erkennen.

[64]   Vgl. Wäfler 1975: 251 ff.

[65]   Zu kinematographischen Darstellungen in assyrischen Reliefs s. Reade 1979a: 53, 107 f.;
        Unger 1933: 128 f.

[66]   Barnett - Lorenzini 1975: Tf. 157.

[67]   Vgl. Wäfler 1975: 251 ff.

[68]   Barnett - Lorenzini 1975: Tf. 158 (Ausschnitt).

[69]   Vgl. Wäfler 1975: 251 ff.

Abb. 12   Szene 56: Die Hinrichtung eines Babyloniers.

Abb. 13   Szene 57: Die Bespeiung eines Babyloniers.

der Hand hält. Hinter ihnen stehen zwei Assyrer vor dem Wagen des Königs. Auf dem Wagen befinden sich ausser dem König noch der Lenker und ein Schirmträger. Das Gesicht des Königs und des Schirmträgers sowie ein Teil des Schirmes sind zerstört.[70] Über der Szene steht Beischrift SWB 7:

[1][I]ch (bin) Assurbanipal, der König der Gesamtheit, der König von Assyrien,[2][der] mit dem Beistand Assurs und der Ištar, meiner Herren, meine [Feinde] [3]überwältigte. Ich erreichte alle meine Wünsche. [Ru]sa, [4]der König von Urar[tu], hörte von der Macht Assurs, meines Herrn, und [5]die Furcht vor meinem Königtum warf ihn nie[der], und er sandte seine Vornehmsten, [6]nach Arbela um sich nach meinem Wohlbefi[nden] zu erkundigen. [7]Nabûdamiq und Umbadarâ, die Vornehmsten von Elam, [8]stellte ich mitsamt den Tafeln mit der frechen [Bot]schaft vor ihnen auf.

Die Standlinien 2 und 3 enden an dieser Stelle. Sie sind aufgehoben, um der Darstellung des Königs auf seinem Wagen über die Höhe von zwei Standlinien hin Raum zu bieten. Die Szene bricht allerdings kurz vor der Radnabe ab.

4. Standlinie
Szene 61:   Nach einer freien Stelle folgen: Zwei assyrische Bogenschützen, zwei elamische Bogenschützen, zwei weitere assyrische Bogenschützen, zwei Assyrer mit Turmschild, zwei mit Rundschild, zwei weitere mit Turmschild. Es folgen neun Assyrer, die die Hände vor dem Bauch gefaltet haben. Acht weitere Assyrer, meist Keulen(-Szepter)[71] in der Hand tragend, schreiten diesen von rechts entgegen. Ihnen folgen drei Assyrer, die je ein Pferd am Zügel führen. Hinter allen Figuren sind Nadelbäume[72] dargestellt.

Register IV
Auf Platten 4 und 6 nehmen je ein grosses Bildfeld den Raum der 5. und 6. Standlinie der Platte 5 ein.

Bildfeld auf Platte 4
Szene 62:[73]   Einem achtspeichigen Wagen folgen zwei Assyrer mit nach hinten erhobenem Schild. Vor dem Wagen, der von einem Assyrer gelenkt wird, stehen ein Assyrer, der ein Pferd am Zügel hält,

---

[70] Dazu: Layard 1853b: 451.
[71] S. Hrouda 1965: 136.
[72] Bleibtreu 1980: 224 ff.
[73] Barnett - Lorenzini 1975: Tf. 155.

Abb. 14   Szene 60 (Ausschnitt): Die Elamer und die Urartäer.

ein Assyrer mit Speer und ein Elamer mit Bogen. Vor ihnen geht ein weiteres Pferd, das von einem assyrischen Speerträger geführt wird.

5. Standlinie

Szene 63:[74]   Auf die Beischrift (SWB 6) folgt eine Reihe von zehn knienden und sechs auf dem Bauch liegenden Elamern.

6. Standlinie

Szene 64:[75]   Ein Assyrer mit Speer und Bogen führt einen Elamer an der Hand. Über der Szene lautet die Beischrift SWB 6:

> [1][Umman]igaš, den Flüchtling, den Diener, der meine Füsse ergriffen hatte, [4]liess [2]auf meinen Befehl [3]mein *Šūtrēši*, den ich gesandt hatte, [2]in Freuden in Madaktu [3]und Susa [4]eintreten und [5]auf den Thron des Teum[man], den meine Hände über[wältigt hatten], [4]sitzen.

Szene 65:   Vor Ummanigaš und dem Assyrer hat sich eine Gruppe von Bogen tragenden oder unbewaffneten Elamern auf den Bauch oder auf die Knie geworfen. Fünf weitere Elamer mit Bogen ste-

---

[74]   Barnett - Lorenzini 1975: Tf. 156 (Ausschnitt).
[75]   Barnett - Lorenzini 1975: Tf. 156 (Ausschnitt).

hen mit erhobenen Händen hinter den Verbeugten. Ein Elamer steht zwischen zwei Pferden, die einen Wagen mit zwölfspeichigen Rädern ziehen, auf dem ein weiterer Elamer sitzt.

Szene 66:[76]   In einen grösseren Fluss fliesst ein kleinerer Zufluss oder Kanal und bildet dadurch eine Art Halbinsel. Im Wasser schwimmen Fische. Auf dem umflossenen Land ist eine ummauerte Stadt dargestellt, die durch Beischrift SWB 8:

[1]Madaktu

identifiziert wird.[77] Innerhalb der Umfassungsmauer stehen einige Häuser, die meist turmartige Anbauten und Türen haben. An der Umfassungsmauer ist, kurz bevor das Relief abbricht, noch ein Stadttor zu erkennen. Ausserhalb der Umfassungsmauer wachsen Dattelpalmen[78]. Zwischen den Dattelpalmen und am Ufer des Flusses stehen nicht genauer bestimmbare Laubbäume[79]. Zwischen den Bäumen stehen einige Häuser, die aber etwas grösser dargestellt sind als die in der Stadt. Am Ufer des Flusses stehen ausser einigen grösseren Häusern auch noch zwei spezieller aussehende Gebäude. Beide haben vier turmartige Vorsprünge. Beim kleineren ist noch ein Eingang dargestellt. Das grössere steht auf einem Hügel oder einer Terrasse.

7. Standlinie

Szene 67:   Ein Assyrer mit Speer und Bogen reitet hinter einem elamischen Bogenschützen her, der wiederum hinter einem zwölfspeichigem Wagen hergeht. Auf dem Wagen sitzt ein elamischer (?) Lenker, neben dem Pferd gehen zwei Assyrer mit erhobenen Schilden.

Szene 68:[80]   Auf einem achtspeichigen Wagen stehen ein assyrischer Lenker und ein assyrischer Bogenschütze. Neben dem Wagenrad geht ein elamischer Bogenschütze. Neben dem Pferd gehen ein weiterer Elamer und ein Assyrer.

Szene 69:   Ein Assyrer mit einem Speer in der linken Hand führt ein Pferd am Zügel. Neben dem Pferd stehen zwei Assyrer mit Speer und Bogen ausgerüstet.

Szene 70:   Eine Gruppe von acht Elamern huldigt kniend, auf dem Bauch liegend oder stehend dem zu ihnen hintretenden Assyrer.

---

[76]   Barnett - Lorenzini 1975: Tf. 159.
[77]   Zur Lokalisierung von Madaktu s. Vallat 1993: 162.
[78]   Bleibtreu 1980: 192 f.
[79]   Bleibtreu 1980: 215 f.
[80]   Barnett - Lorenzini 1975: Tf. 155; Barnett - Forman o. J.: Tf. 129.

Szene 71:[81]   Eine Gruppe von elf elamischen Musikanten, die unterschiedliche Instrumente tragen, schreitet nach links auf Szene 69 zu.

Szene 72:[82]   Eine Gruppe von sechs Frauen und neun Kindern, die klatschen oder singen, folgen den Musikanten von Szene 71.

Szene 73:   Ein Teich mit Fischen ist von Dattelpalmen und Laubbäumen umgeben. Weitere Bäume stehen am Ufer des Flusses, der die unterste Standlinie ausfüllt.[83]

8. Standlinie

Szene 74:[84]   Die 8. Standlinie wird von einem Fluss eingenommen. In ihm schwimmen Fischen und Krabben, daneben treiben die Leichen von Elamern und Pferden, aber auch Waffen und Wagenteile.

1.2. DER NORDPALAST, RAUM I

Zu Beginn seiner Regierungszeit bezog Assurbanipal das Bīt-ridûti als Residenz. Da es aber baufällig geworden war, liess Assurbanipal den alten Bau abreissen und an seine Stelle einen Neubau errichten,[85] der wegen seiner Lage auf dem Hügel Qūyunǧuq als Nordpalast bezeichnet wird. Mehrere Räumen waren mit Wandreliefs ausgeschmückt.

In Raum I des Nordpalastes war ein Reliefzyklus angebracht, von dem uns nur noch wenige Fragmente und in situ angefertigte Zeichnungen erhalten sind.[86] Er kann anhand der Szene 1, die den *Šūtrēši* Ituni zeigt, und der Übereinstimmung der Einführungsszene mit derjenigen des Raumes XXXIII des Südwestpalastes als Ulai-Zyklus identifiziert werden.[87]

Zwei weitere Räume, H und S', die in Verbindung mit den Ereignissen der Schlacht am Ulai gebracht wurden, werden mangels eindeutiger Zugehörigkeit nicht weiter berücksichtigt.[88]

---

[81]   Barnett - Lorenzini 1975: Tf. 160 -162 (Ausschnitt).

[82]   Barnett - Lorenzini 1975: Tf. 162. (Ausschnitt)

[83]   Bleibtreu 1980: 192 ff., 215 ff.

[84]   Barnett - Lorenzini 1975: Tf. 160, 163, 164.

[85]   Zur Baugeschichte s. Nagel 1967: 8; RlA I, 206.

[86]   Barnett 1976: 42-43; Pl. XXIV-XXVII.

[87]   Reade 1964: 6; Nagel 1967:20; Reade 1979b: 25.

[88]   Nordpalast, Raum H (s. Barnett 1976: 41, Pl. XXIII; Barnett - Lorenzini 1975: 135 - 137; Barnett - Forman o. J.: Tf. 133 - 136.).
        Die Reliefs in Raum H wurden von Barnett in Zusammenhang mit dem Ulai-Zyklus von Raum I erwogen. (S. Barnett - Lorenzini 1975: zu Tf. 135). Folgende Punkte könnten einen Zusammenhang mit den Darstellungen in Raum I vermuten lassen:
        1. Im unteren Register sind Elamer dargestellt.
        2. Im oberen Register von Platte 10 (?) des Raumes H ist die Stadt auf ähnliche Art dargestellt wie Arbela in Raum I.

1.2.1. Raum I

Die meisten Platten des Raumes wurden durch ein Feuer zerstört. Die Wandplatten des Raumes sind im Uhrzeigersinn durchnummeriert (Übersicht 3). Von
den Reliefplatten 5 bis 7, 9 und 10 sind uns Zeichnungen erhalten. Das Fragment mit der Darstellung der Tötung Itunis gilt als Teil von Platte 1.[89] Rassam
erwähnt zwei Beischriften in Raum I: Die eine gehört zur Szene mit Ituni, die
andere soll aus drei langen Zeilen bestanden und sich über einer Szene mit
einem Zelt befunden haben, in dem Gefangene standen und ein Schreiber Köpfe
zählte.[90] Vielleicht handelt es sich dabei um eine Darstellung, die der Szene 14
des Südwestpalastes entspricht, doch lässt sich dies nicht belegen. Sie soll hier
dennoch als Szene 0 berücksichtigt werden.

Beschreibung
Szene 0:   In einem Zelt stehen Gefangene und ein Schreiber, der Köpfe
              zählt. Darüber soll sich eine dreizeilige Beischrift befunden ha-
              ben.[91]
Platte 1
Szene 1:[92] Ein Assyrer hält einen Elamer an den Haaren gepackt und holt
              mit einem Schwert zum Schlag aus. Der Elamer durchschneidet
              mit einem Schwert gerade seinen Bogen.
              Über der Szene lautet Beischrift NB 1:

3. Raum I und H sind durch einen Durchgang verbunden.
    Eine Zuweisung eher fragwürdig oder unwahrscheinlich machen folgende Punkte:
    1. Assurbanipal zog mehrmals gegen Elam. Es könnte sich also dabei auch um einen ande-
       ren Feldzug gegen Elam handeln. Vielleicht handelte es sich bei den Elamern auch gar
       nicht um Gegner, sondern um Hilfstruppen auf Seiten der Assyrer (dazu: Curtis - Reade
       1995: 78; Reade 1979a: 104).
    2. Die Zyklen im Nordpalast beschränken sich sonst auf einen Raum. Es würde sich hier
       also um den einzigen raumübergreifenden Zyklus des Palastes handeln.
    3. Die Darstellung des Gartens mit der Stele und den Gebäuden lässt sich in keinen Zusam-
       menhang mit den über die Schlacht am Ulai bekannten Episoden bringen.
    Nordpalast, Raum S' - Die "Gartenlaubenszene" (Barnett 1976: 54-59, Pl. LXIII-LXV; Bar-
    nett - Lorenzini 1975: 169 - 171; Barnett - Forman o. J.:105).
    In den Trümmern von Raum S fanden sich Fragmente eines Zyklus, die aus einem über S
    vermuteten Raum stammen sollen, der als S' bezeichnet wird. Die Reliefs zeigen Assurbanipal
    in einer Gartenlaube liegend. In einem Baum hängt ein Kopf, der verschiedentlich als der
    des Teumman angesehen wurde (Vgl. Albenda 1977: 29). Zur Deutung der Szene s. Schmidt-
    Colinet 1997; vgl. Deller 1987: 233-234; Albenda 1977: 44-45. Da der Kopf m. E. nicht
    eindeutig zu identifizieren und der Kontext wahrscheinlich ein anderer ist, wird auch diese
    Darstellung aus der weiteren Untersuchung ausgeschlossen.
[89] Barnett 1976: 42-43; Gadd 1936: 194-197.
[90] Barnett 1976: 42; Gadd 1936: 194-195.
[91] Gadd 1936: 194-195.
[92] Barnett - Forman o. J.: Tf. 128; dazu: Nagel 1967: 29 f.

[1]Ituni, der *Šūtrēši* des Teumman, des Königs von Elam, [2]den er herausfordernd immer wieder vor mich geschickt hatte, [3]sah meine mächtige Schlacht und mit seinem Gürtelschwert [4]durchschnitt er mit seinen eigenen Händen den Bogen, das Wesenszugehörige seiner Arme.

Platten 5 bis 7

Die Platten sind in zwei Register eingeteilt. Im oberen Register (I) scheint eine Prozession dargestellt zu sein, die auf die obere Stadt von Platte 9 zuführte. Im unteren Register (II) sind Kämpfe dargestellt, dann eine Einsetzung eines Vasallen, die derjenigen in Register IV (Szene 64) der Darstellung im Südwestpalast ähnelt, daneben eine Stadt (Platte 9 und 10).

Register I (Platten 5 bis 7)

1. Standlinie

Szene 2:   Rechts der Mitte sind die Umrisse von Leuten sichtbar, die nach rechts blicken, lange Gewänder tragen und die Arme angewinkelt nach oben halten.

2. Standlinie

Szene 3:   Ein Assyrer hält zwei Pferde an den Zügeln. Beide Pferde scheinen auf der vorangehenden Platte ihre Fortsetzung gehabt zu haben. Drei Personen im langen Gewand stehen hinter, eine neben dem Rad eines achtspeichigen Wagens. Das Pferd, das den Wagen zieht, scheint bis in die 1. Standlinie hineingeragt zu haben. Vor dem Pferd schreiten zwei Personen im kurzen Gewand.

Szene 4:   Es folgt, den Spuren nach zu urteilen, eine Reihe von Leuten in langen Gewändern, dann sechs oder sieben schreitende Personen in kurzen Gewändern, ein Wagen und die Hinterbeine eines Pferdes.

3. Standlinie

Szene 5:   Zu sehen ist der Kopf eines Pferdes, das den Körper auf der vorangehenden Platte gehabt hat. Es gehört zur Gruppe von zwei Pferden mit drei Assyrern. Der vorderste Assyrer hält den Arm auf seiner Brust.

Szene 6:   Eine Reihe von Assyrern (?) schreitet mit nach oben angewinkelten Armen nach rechts.

Szene 7:   Fünf Assyrer, die die Hände auf Brusthöhe gefaltet haben, fünf Assyrer mit Rundschild und Speer und fünf Assyrer mit Turmschild und Speer, schreiten nach rechts. Vor der Abbruchkante ist noch der Fuss einer weiteren Person zu sehen.

Register II (Platten 5 und 6)

4. Standlinie

Szene 8:	Ein Elamer hält sich die Hand an den Hals.
Szene 9:	Ein Assyrer tötet mit dem Speer einen knienden Elamer. Zwei Elamer schreiten, sich anblickend, über eine Leiche hinweg.
Szene 10:	Ein Assyrer packt einen Elamer, der über einen bereits liegenden kniet. Hinter dem Assyrer steht ein Pferd.
Szene 11:	Ein Assyrer zieht einen Elamer zu Boden und holt mit dem Messer aus.
Szene 12:	Ein Assyrer tötet über einen knienden Elamer hinweg mit dem Speer einen zweiten. Ein dritter Elamer schiesst zurückgewendet mit dem Bogen auf den Assyrer.
Szene 13:	Ein reitender Assyrer tötet einen Elamer.

5. Standlinie

Szene 14:	Zwei Elamer scheinen eine nicht mehr erhaltene Person anzuflehen.
Szene 15:	Ein Elamer hält einen Köcher und fasst sich an den Kopf.
Szene 16:	Ein Assyrer hält einen Elamer am Schopf und holt mit dem Schwert aus.
Szene 17:	Ein Assyrer sticht mit dem Speer einen Elamer nieder, ein zweiter Elamer steht breitbeinig da und hebt die Arme nach oben, ein dritter sinkt zu Boden.
Szene 18:	Ein Assyrer schiesst mit dem Bogen an einem zweiten Assyrer vorbei, der gerade einen Elamer niedersticht. Zwei Elamer haben sich nach hinten gewendet und heben den Arm.
Szene 19:	Ein Assyrer schiesst mit dem Bogen auf zwei zurückschiessende Elamer, während ein zweiter Assyrer mit seinem Speer einen Elamer tötet.

6. Standlinie

Szene 20:	Die Standlinie wird von einem Fluss gebildet. In ihm treiben nackte Leichen, Waffen und Wagenteile und schwimmen Fische.

Register II (Platte 7)

3. Standlinie

Szene 21:	Zwei Assyrer stehen mit erhobenem Schild hinter einem achtspeichigen Wagen mit Lenker. Vor dem Wagenpferd steht ein weiteres Pferd, das von einem Assyrer am Zügel geführt wird. Der vordere von zwei Assyrern mit Speer weist mit seiner rechten Hand nach oben.

Szene 22:   Ein Elamer wird von einem Assyrer an der Hand geführt.

Szene 23:   Hintereinander gestaffelt sind drei auf dem Bauch liegende, vier kniende und fünf stehende Elamer. Die Knienden und Stehenden halten die Arme angewinkelt nach oben.

4. Standlinie

Szene 24:   Hinter dem Pferd eines zwölfspeichigen Wagens mit Lenker steht ein Elamer (?), beim Pferdekopf ein weiterer. Hinter dem zweiten Pferd steht ein Assyrer, vor ihm ein Elamer. Das Pferd wird vom hintersten Mann einer Gruppe von fünf assyrischen Speerträgern am Zügel gehalten; sie schreiten auf eine Gruppe von Elamern zu.

Szene 25:   Eine Gruppe von zwölf Elamern. Drei davon liegen auf dem Bauch, fünf knien und vier stehen mit angewinkelten Armen.

5. Standlinie

Szene 26:   Ein Elamer liegt am Ufer des Flusses.

Szene 27:   Ein Assyrer tötet mit dem Speer einen Elamer.

Szene 28:   Ein Assyrer hält einen stürzenden Elamer an den Haaren und holt mit dem rechten Arm aus.

Szene 29:   Ein Assyrer tötet einen nach hinten fallenden Elamer. Ein Elamer geht nach rechts und wirft die Arme hoch.

Szene 30:   Ein Assyrer tötet einen auf dem Boden sitzenden Elamer.

Szene 31:   Ein Assyrer packt einen knienden Elamer an den Haaren und holt aus, um ihn zu erschlagen. Zu seinen Füssen gleitet ein nackter Toter in den Fluss. Ein weiterer Elamer schaut kniend zurück.

Szene 32:   Ein Assyrer ersticht mit dem Speer eine auf der Zeichnung nicht mehr zu sehende Person. Vor ihm gleitet ein zwölfspeichiges Rad in den Fluss.

Platte 8 ist uns nicht überliefert.

Platten 9 (und 10)

Register I

Szene 33:   Dargestellt ist eine Stadt mit vier Mauerzügen. An den Mauern sind regelmässige Vorsprünge und Zinnen zu sehen. Ein Zugang führt zum linken der beiden Tore der untersten Mauer. Über dem zweiten Mauerzingel ist eine Beischrift (NB 2) zu sehen, die die Stadt als

¹Arbela

identifiziert. Etwas nach links versetzt führt von dieser Mauer ein weiterer Weg zum nächsten Mauerzingel. Auf diesem sind Personen dargestellt, die vor einem "Opferständer" stehen. Die eine wird durch die noch knapp zu erkennen Tiara als der assyrische König gekennzeichnet, wie er einen Bogen auf einen Kopf zwischen den Zinnen stellt. Unmittelbar hinter ihm steht ein Assyrer und ihm gegenüber, auf der anderen Seite des Ständers, stehen zwei weitere Assyrer. Die Szene findet vor einem weiteren Mauerzug statt, der zwei einfache rechteckige Durchgänge und rechts davon ein Tor mit vorgesetzten Säulen aufweist. Über den dargestellten Personen ragen zwei hohe Türme auf - davor je ein Mast mit einem Emblem. Vor der untersten Mauer fliesst ein Fluss mit Fischen, einer Ente und einer Krabbe.

Register II
Szene 34:

Am oberen Rand entlang fliesst ein Gewässer mit Fischen, in einem Bogen nach links unten. Zahlreiche Bäume umgeben mehrere Gebäude. Beim grössten Gebäude handelt es sich um einen vierstufigen Tempelturm, der auf einem Hügel oder einer Terrasse steht. Am Fusse dieses Hügels ist ein Torbau zu sehen. Zwei Wege führen zu je einem Eingang in der untersten Stufe des Tempelturmes. Die beiden nächsten Stufen haben je einen Eingang. An der obersten Stufe hängen zwei Stierköpfe oder deren Schädel. Rechts neben der grossen Anlage steht auf einem kleineren Hügel ein kleineres, zweistöckiges (?) Gebäude, dessen Ecken von Türmen oder Vorsprüngen gebildet werden. Am Fusse des Hügels stehen Bäume, nach denen Flüsse und Quellen mit Fischen ineinander fliessen. Links von der grossen Anlage, nach einer kleinen Gruppe von Bäumen, steht ein etwas grösseres Gebäude. Die Ecken sind ebenfalls turmartig gebildet. Auf dem Gebäude stehen drei Personen. Zwei halten die Arme angewinkelt nach oben, die mittlere fasst sich mit der linken Hand an den Hals und hat die rechte Hand an den Bauch gelegt. Zuunterst fliesst ein breiter Fluss. In ihm schwimmen Fische und Krabben. Ein Köcher und die Leiche eines Elamers sind ebenfalls zu sehen.

Vergleichen wir die Darstellung dieser Stadt mit der Darstellung von Madaktu in Szene 66 des Südwestpalastes: In beiden Fällen haben wir ein auf einem Hügel stehendes grösseres Gebäude, neben dem ein kleineres steht. Im Nordpalast wurde auf die Darstellung der ganzen Stadt verzichtet und nur die beiden Hauptgebäude gezeigt. Beide haben Mauern mit Vorsprüngen, sind von Bäumen umgeben und stehen am Fluss. Auf beiden Darstellungen umfliesst ein kleinerer Fluss oder Kanal das Land auf dem die Gebäude stehen. In beiden Fällen entspringen hinter der Stadt Quellen. Ich möchte daher die Stadt in Szene 34 von Raum I ebenfalls als Madaktu betrachten.[93]

---

[93]   Vgl. Calmeyer bei Barnett 1976: 42; Matthiae 1996: 181; anders: Reade 1976: 101 f.

2. Die Beischriftenvorschläge zur Schlacht am Ulai

Mehrere auf Tontafeln erhaltene Texte sind als Sammlungen bzw. Zusammenstellungen von Vorschlägen für Beischriften zu den Kriegsreliefs Assurbanipals identifiziert worden.[94] Diese Vorschläge handeln von den Feldzügen gegen Teumman und Dunanu[95], Kämpfen mit Arabern oder Ereignissen um Tammaritu. Diese Gruppe von Texten liefert historische Informationen, die uns aus anderen Texten, z.B. den Annalen, nicht überliefert sind, und ermöglichen das auf den Reliefs Dargestellte zu identifizieren. Zusätzlich bieten sie Einblick in die Planung[96] und Ausarbeitung assyrischer Reliefs bzw. ihrer Beischriften, denn sie lassen sich unterschiedlichen Etappen der Entstehung zuordnen. Die in den nächsten Abschnitten verwendeten Begriffe seien wie folgt definiert:

Vorschlag   Formal einer Beischrift gleich, jedoch auf eine Tontafel geschrieben.

Vorschläge wurden während der Planung der Reliefs gemacht. Mehrere Arbeitsphasen lassen sich feststellen:

Brainstorming   In einigen Fällen lassen sich mehrere variierende Vorschläge einer Tafel der selben Darstellung zuweisen. Eine solche Auswahl von Vorschlägen macht in der frühesten Phase der Planung Sinn, d. h. beim Entwerfen von Beischriftentexten.

---

[94] Schon Weidner 1932-33 betrachtete diese Texte als Vorschläge für Reliefbeischriften. Dafür sprechen folgende Argumente:
1. In A1 10 fehlt der Name des elamischen Gegners, während er auf dem Relief des Südwestpalastes (SWB 2) steht. Bei A1 6 fehlt der Name des Sohnes des elamischen Königs, während er auf Beischrift SWB 4 bekannt war. Hätten wir es mit einer Abschrift von den Reliefs zu tun, wären die Namen wohl mitkopiert worden. So scheint es eher, dass man die Namen beim Vorschlag weggelassen hat - aus Unkenntnis oder der Einfachheit halber - und sie dann erst bei der Beischrift einsetzen wollte. (Weidner 1932 -1933: 175-176).
2. Die meisten Vorschläge sind uns nicht als Beischriften bekannt. In einigen Fällen könnte man von Überlieferungslücken sprechen, nämlich da wo die Episode, die wir als Vorschlag kennen, im Bild nicht erhalten ist. Doch sind uns auch nicht beigeschriebene Szenen erhalten, zu denen Vorschläge passen.
3. Einige unterschiedliche Vorschläge können derselben Szene zugeordnet werden. Sie bilden das Angebot, aus dem eine Auswahl getroffen wurde.
4. Aus der Unterschrift von A1 können wir schliessen, dass das Original dieser Tafel dem König vorgelesen wurde. Die Varianten zur selben Szene können dem König zur Auswahl gestellt worden sein. Vgl. Nagel 1967:17.

[95] Weidner 1932-33: 175 ff.; Streck 1916: LVII ff.. Dazu: Wäfler 1975: 288-289; Reade 1979a: 96-101(Versuch einer Rekonstruktion des Zyklus durch die Reihenfolge der Vorschläge); Gerardi 1987: 138-144; Tafeln mit Vorschlägen für Reliefbeischriften sind uns auch aus der Zeit des Sanherib bekannt (Luckenbill 1924: 156).

[96] Zu möglichen Phasen in der Produktion von Reliefs s. Roaf 1990: 112-113.

Sammeltafel   Auf Sammeltafeln wurden Vorschläge mehrerer Tafeln zur (endgültigen) Auswahl z. B. durch den König zusammengetragen. Auch auf diesen lassen sich variierende Vorschläge zu einer Darstellung oder Szene finden.

Vorlage   Einige Tafeln bestehen nur aus Vorschlägen, die exakt einer einzigen Szene oder Darstellung zugeschrieben werden können. Da sich ein oder mehrere solcher Vorschläge als Beischrift auf dem Relief umgesetzt finden, dienten diese Tafeln m. E. als Vorlage für die Beischrift auf den Reliefs.

Die Vorschläge werden zuletzt als Beischrift direkt auf den Reliefs oder auf separaten Platten umgesetzt.

Beischrift   Ein tatsächlich auf einem Relief innerhalb eines Bildes angebrachter Text.

Beischrift auf separater Platte (BSP)
                Neben den Beischriften auf den Reliefs und den Vorschlägen gibt es noch Beischriften auf separaten Platten (BSP), die vermutlich zu den Reliefs gestellt wurden. Eine dieser Platten bezieht sich auf die Schlacht am Ulai.[97]

Eine Übersetzung der Tafeln mit Vorschlägen und der Beischriften findet sich im Anhang.[98]

2.1. DIE VORSCHLÄGE UND DIE DARSTELLUNGEN

Vergleiche der Reliefzyklen mit den schriftlichen Quellen zur Schlacht am Ulai wurden bereits durchgeführt.[99]

---

[97] S. Gerardi 1988: 34.

[98] Eine Partitur der Texte mit den Beischriftenvorschlägen findet sich in Borger 1996: 299 ff. Meine Übersetzung folgt, wo nicht anders vermerkt, seiner Bearbeitung. Im Anhang zu meiner Arbeit steht jeder Text für sich übersetzt, damit einsichtiger wird, welche Vorschläge in welcher Form auf welchen Tafeln vorkommen. Um den Verweis zu erleichtern, behielt ich die alphabetische Benennung der Fragmente (A1, A2, B, C, D1, D2, E, F, G, H) nach Borger bei, zählte aber bei jedem Fragment die Vorschläge neu durch. Die Zahl in der Klammer bezeichnet die Nummer des Vorschlags nach Borger 1996 bzw. die Seite auf der sich der Text befindet. Im Abschnitt zur Identifikation der Darstellungen habe ich die Vorschläge in Übersetzung eingesetzt. Die verwendeten Kürzel bedeuten:

SWB   Beischriften auf den Reliefs des Südwestpalastes, Raum XXXIII.

NB   Beischriften auf den Reliefs des Nordpalastes, Raum I.

BSP   Beischrift auf separater Platte.

TD   Tafeln mit den Vorschlägen zum Teumman-Dunanu--Zyklus. (Bei Borger 1996: 299 ff. als Nummern 1 bis 38 mit zusätzlichen Texten auf den S. 306-307)

[99] Z. B. Reade 1979a: 96-101; Wäfler 1975: 287-297.

Anhand der Vorschläge und der Beischriften, zusammen mit den Informationen aus den Annalen, soll hier versucht werden, einzelne durch keine Beischrift näher beschriebene Szenen zu verstehen, bzw. die handelnden Personen zu identifizieren. Die Episoden werden dabei in einer möglichen chronologischen Abfolge behandelt. Im Vergleich werden diejenigen Vorschläge als identisch betrachtet, die in Wortwahl und Wortfolge nicht divergieren, auch wenn die Lückenhaftigkeit der Texte vieles offen lässt. Dabei ergeben sich einige Neuinterpretationen von Szenen, der Beziehungen zwischen Vorschlägen und Reliefs, und der Beziehungen zwischen den verschiedenen Tafeln mit den Vorschlägen.

2.1.1. Die Schlacht

Während die Annalentexte zur Vorgeschichte der Schlacht ziemlich ausführlich sind, schweigen sie zu den Ereignissen während der Schlacht fast vollständig. Erwähnt wird nur die Masse der gefallenen Elamer und die Enthauptung des Teumman.[100] Die Beischriftenvorschläge dagegen berichten Folgendes:

Niederlage der Elamer

BSP 1   [1]Niederlage der Truppen des Teumman, des Königs [   ]

[2]die in Til-Tubu Assurbanipal,[   ]

[3]der König der Gesamtheit, der König von Assyrien,

ohne Zahl [   ] [4]Leichen [   ] Kr[ieger] hinwarf.

TD A1 23 (33)   [15']Niederlage der Truppen des Teumman, des Königs von Elam,

[16']die in Til-Tubu Assurbanipal, der grosse König, der starke König,

der König der Gesamtheit, der König von Assyrien

[17'] ohne Zahl beibrachte, der die Leichen seiner Krieger hinwarf.

TD H 5 (33)   [7'][   ] Til-tub[u   ]

[8'][   ] Leich[en   ]

Der Inhalt von BSP 1 bezieht sich ganz allgemein auf die Schlacht. Da es sich dabei um eine separate Platte handelt, ist zu Recht vermutet worden, dass sie irgendwo bei den Darstellungen angebracht war, sei es, dass man sie bei den Reliefs aufgehängt oder sie am Boden zu den Relief gestellt hat.[101] Der Vorschlag A1 23 ist mit BSP 1 identisch[102] - der fragmentarische Vorschlag H 5 stimmt mit beiden überein. BSP 1 wäre somit eine Art Titelplatte zur Darstellung der Schlacht. Sollten H 5 und BSP 1 identisch sein, könnte man die Platte als zur Darstellung im Südwestpalast gehörig betrachten, da sich die meisten

---

[100] Borger 1996: 225 f.; Streck 1916: 26-27,120-121.
[101] Weidner 1932-1933: 175.
[102] So nach Borger 1996: 298-299; anders die Transkription in Gerardi 1987: 280-281, die auf Bezold, Janus 1 (1921) beruht; nach Borger 1996: 299 ein Versäumnis Bezolds.

Beischriften von H ebenfalls dort wiederfinden lassen. Allerdings schliesst nichts aus, dass sie zur Darstellung in Raum I des Nordpalastes gehört.

Eine Truppe begleitet Ummanigaš

TD A1 1 (1)   [1]Hauptmacht des Assurbanipal, des Königs von Assyrien,[2]die [3]ich [2]mit Ummanigaš, dem Sohn des Urtaku, des Königs von Elam, [3]dem Flüchtling, der die Füsse meiner Majestät ergriffen hatte, zur Eroberung Elams aussandte.

TD A1 20 (30)   [9'][U]mmanigaš, der Sohn des Urtaku, des Königs von Elam,[10']der die Füsse meiner Majestät ergriffen hatte, Streitkraft [ ] [11']zu seiner Unterstützung schickte ich mit ihm.

TD B 9 (30)   [1]Ummani[gaš   ][2]Flüchtling, der ergriffen ha[tte   ] [3]LEERRAUM [schickte ich] mit ihm

A1 1, A1 20 und B 9 machen dieselbe Aussage, nur dass in A1 1 das Heer, in A1 20 und B 9 aber Ummanigaš hervorgehoben wird. Vorschläge B 9 und A1 20 sind nicht ganz identisch. Die Vorschläge könnten der Darstellung von Ummanigaš bei seiner Einführung in Madaktu gegolten haben (Südwestpalast XXXIII, Register IV). Möglich ist allerdings auch, dass es eine Darstellung gab, die Ummanigaš und das assyrische Heer auf dem Weg nach Elam zeigte. Diese wäre vielleicht links der Platte 1 von Raum XXXIII zu suchen.[103] Da sich letzteres nicht feststellen lässt, soll der ersten Zuschreibung der Vorzug gegeben werden.

Die Schlachtreihen

TD A1 4 (4)   [12']Schlachtreihe, die Assurbanipal, der König von Elam(!),[13']gegen Teumman, den König von Elam, aufstellte und die die Niederlage Elams bewirkte.

TD A1 21 (31)   [12']Schlachtreihe des Assurbanipal, des Königs von Assyrien,[13']der die Niederlage Elams bewirkte.

TD A1 22 (32)   [14']Schlachtreihe des Teumman, des Königs von Elam.

TD E 1 (31/32)   [1]Schlachtreihe des Assurbanipal, des Königs von Assyrien, der die Niederlage Elams bewirkte.
                   [2]Schlachtreihe des Teumman, des Königs von Elam.

Die Vorschläge A1 21 und A1 22 stimmen zusammen inhaltlich genau mit den beiden Zeilen von E 1 überein. In E 1 sind die beiden Vorschläge allerdings nicht durch einen Strich voneinander getrennt, sondern sie erscheinen als zwei Zeilen desselben Vorschlags.[104] A1 4 erweitert inhaltlich die Vorschläge A1 21 und den ersten Teil von E 1. Die Vorschläge scheinen darauf hinzuweisen, dass es eine nur geplante oder verlorengegangene Darstellung der beiden feindlichen Schlachtreihen gegeben hat.

---

[103]   Vgl. Wäfler 1975:290-291.
[104]   Borger 1996: 304 schlägt Strich! vor.

Leichen dämmen den Fluss

TD A1 25 (35)   [24']Mit den Leichen der Krieger, der Leute von Elam,[25']dämmte ich den Fluss Ulai. [26']Ihr [Bl]ut lie[ss ich] drei Tage lang statt Wasser diesen Fluss [27']bis zu seinem höchsten Wasserstand hinunterfliessen.

TD F 2 (35)   [3'][Kr]ieger, der Leute von [ABGEBROCHEN   ]
[4'][   ] diesen [Fl]uss [liess] ich [hinunterfliessen   ]

TD G 4 (35)   [14'][ABGEBROCHEN   den Fluss Ula]i [ABGEBROCHEN]

Die Vorschläge A1 25 und F 2 beziehen sich auf die Darstellung der Schlacht mit dem Fluss und den darin schwimmenden Leichen. G 4 könnte, mangels Widerspruch, hierher gehören. A1 25 und F 2 scheinen identisch zu sein. Da die Darstellung im Südwestpalast vom Bild her um einiges besser zur Aussage von A1 25 passt als die Darstellung des Nordpalastes, bezieht sich dieser Vorschlag m. E. auf Szenen 12 und/oder 74 des Südwestpalastes, wo der Fluss mit der Masse der darin schwimmenden Leichen und Gerätschaften dargestellt ist. Was von der Darstellung des Flusses im Nordpalast erhalten ist, scheint mir etwas zu harmlos für eine solche Beischrift. Allerdings fehlen auch ein beträchtlicher Teil der Darstellung der Schlacht, wenn man bedenkt, dass die Szene mit Ituni, ein Bestandteil der Schlacht, zu Platte 1 gehört, und die Schlacht auf Platte 6 immer noch tobt.

Sich ergebende Elamer

Während oder kurz vor der Schlacht ergeben sich einige elamische Beamte. Diese Episoden sind in den Annalen nicht überliefert.

Simburu

TD A1 2 (2)   [4']Simburu, der *Nagiru'* von Elam, hörte von dem Kommen meiner Truppen,[5']fürchtete die Nennung meines Namens, kam vor meinen Abgesandten und küsste meine Füsse.

TD B 4 (2)   [8']Simburu, der *Nagi[ru'*   ] [9']fürchtete die Nennung meines Namens [ ] v[or   ]

TD C 1 (2)   [1'][Ela] m [ ] von dem Ko[mmen meiner Truppen][2'][fürch]tete [ ] vor [meinen] Abge[sandten] [3'][ ] küsste m[eine] Füsse.

Die drei Vorschläge scheinen, soweit erhalten, identisch zu sein. Sie beziehen sich auf die Unterwerfung Simburus. Es ist uns keine Szene erhalten, die sich mit dieser Beischrift in direkten Zusammenhang bringen liesse.[105]

Zineni

TD C 3 (S. 306)   [1'][Z]ineni, der Palastvorsteher (des?) GIŠ-TAR-ta [   ][2'][   ] von Elam [ ]

---

[105]   Vgl. Wäfler 1975: 290.

[3][   ] meiner Herrschaft überkam si[e] [4][   ] kamen sie um vor mir den Diener zu machen. [5][   ] mein Feldlager.

Umbakidennu

TD B 5 (S. 306)   [10'] Umbakidennu, der Na[giru¹ ABGEBROCHEN   ] [11']überkam ihn und den K[opf   ]

TD C 2 (S. 306)   [4'][Umbakiden]nu, der *Nagiru* von Ḫidalu - [5'][die Furc]ht (vor) meiner Majestät überkam ihn und [6'][den Kop]f des Ištarnandi, des Kö[nigs] von Ḫidalu [7'][ ] ? schnitt er ab, tr[ug er herbei],[8']warf (ihn) [vor] meine Grossen und ergriff die Füsse meiner Majestät.

Umbakidennu und Zineni

TD A1 3 (3)   [6]Umbakidennu, den *Nagiru¹* von Ḫidalu,[7]der den Kopf des Ištarnandi, des Königs von Ḫidalu bringt (und) [8]Zineni, seinen Palastvorsteher, bildete ich gleichzeitig in der unteren Reihe ab. [9]Die Macht Assurs, meines Herrn, und die Furcht vor meiner Majestät warf sie nieder. [10]Die Köpfe der mir nicht unterwürfigen Fürsten Elams schnitten sie ab, [11]warfen sie vor meine Grossen und ergriffen die Füsse meiner Majestät.

Bei Zineni und Umbakidennu handelt es sich um zwei weitere Elamer, die sich beim Anrücken des assyrischen Heeres ergeben. Nach Vorschlag C 2 übergab Umbakidennu den Kopf des Ištarnandi von Ḫidalu den Grossen Assurbanipals, während er nach A1 3 zusammen mit Zineni noch weitere abgeschnittene Köpfe ausliefert. In C 3 wird Zineni in Zusammenhang mit dem Feldlager des Assurbanipal[106] genannt. Betrachten wir hierzu Szene 14: Sie zeigt drei Elamer in einem assyrischen Zelt, die sich den dortigen Assyrern ergeben, während auf dem Boden viele Köpfe liegen. Der Vorschlag A1 3 bezieht sich wohl auf diese Darstellung. Die beiden eingeschobenen Kommentare in A1 3 können dann folgendermassen erklärt werden: Mit "in der unteren Reihe" ist das untere Register der Platten gemeint. Um das "bildete ich gleichzeitig ... ab" zu erklären, müssen wir kurz die anderen Vorschläge betrachten, in denen Zineni oder Umbakidennu genannt werden. In den Vorschlägen B 5 und C 2 wird Umbakidennu alleine erwähnt. In Vorschlag C 3 steht Zineni, allerdings bleibt unklar wer die andere oder anderen Personen sind, die im Vorschlag erwähnt waren.[107] Das "bildete ich gleichzeitig ... ab" erklärt vermutlich die Tatsache,

---

[106] Das Possesivsuffix 1. Sg. kann sich wohl nur auf Assurbanipal beziehen, da auf den Reliefs nur er in der 1. Person spricht.

[107] Darauf deutet das Pluralsuffix am Verb hin. Dabei könnte es sich um [l]GIŠ-TAR-ta[ ] handeln, sofern der Name nicht als direkter Genetiv dem vorangehenden "Palastvorsteher" anzuschliessen ist. Ein zweiter Name könnte auch in der Lücke gestanden haben. Das [N]AM in Zeile 2 könnte zu einem [lú2]NAM "Gouverneur" gehören und sich auf den [l]GIŠ-TAR-ta[ ] beziehen.Vielleicht ist mit dem [l]GIŠ-TAR-ta[ ] auch Ištarnandi gemeint. Zu Zineni und [l]GIŠ-TAR-ta[ ] vgl. Wäfler 1975: 291.

dass man Umbakidennu nicht mehr alleine (wie in Vorschlägen B 5 und C 2 geplant), sondern eben zusammen mit Zineni dargestellt hat. Szene 14 zeigt folglich Zineni und Umbakidennu im Zelt stehend und den Assyrern Köpfe liefernd. Wer der dritte Elamer im Zelt ist, bleibt unklar.

An Szene 14 lässt sich noch Szene 15 anschliessen - ein Elamer, der das Pferd eines elamischen Wagens hält, von dem zwei assyrische Soldaten weitere Köpfe ins Zelt tragen.[108]

Urtaku

SWB 2   [1]Urtaku, der "Verschwägerte" des Teumman, [2]der (zwar) durch einen [Pf]eil verwundet worden war, das Leben (aber) nicht beendet hatte, [4]rief,[3]um seinen eigenen Kopf abzusch[neiden], einen Assyrer [4]folgendermassen: "Komm, schneid' ab den Kopf! [5]Bringe ihn vor den König, deinen Herrn, und empfange (dafür) einen guten Namen!"

TD A1 10 (15)   [4]LEERRAUM   , der (zwar) dur[ch einen Pf]eil verwundet worden war, das Le[ben (aber)] nicht beendet hatte, [5]ri[e]f, um seinen eigenen Kop[f] abzuschneiden, die Assyrer [6]folgendermassen: "Komm, schneid' ab meinen Kopf, [7]bringe (ihn) [6]vor den König, [deinen] Herrn und [7]empfange (dafür) einen gut[en] Namen.

Die Beischrift SWB 2 gehört zu Szene 29 des Südwestpalastes, wo ein auf dem Boden sitzender Elamer zu einem Assyrer blickt.[109] Gegenüber Vorschlag A1 10 sind einige Zeichen weggelassen worden.[110] Interessanterweise befinden sich fast alle weggelassenen Zeichen in der hinteren Hälfte der Zeilen, was vermuten lässt, dass sie aus Platzknappheit weggelassen wurden.

Ituni

NB 1   [1]Ituni, der *Šūtrēši* des Teumman, des Königs von Elam,[2]den er herausfordernd immer wieder vor mich geschickt hatte, [3]sah meine mächtige Schlacht und mit seinem Gürtelschwert [4]durchschnitt er mit seinen eigenen Händen den Bogen, das Wesenszugehörige seiner Arme.

TD A1 11 (16)   [8]Ituni, der *Šūtrēši* des NN, des [Kön]igs von Elam,[9]den er herausford[ernd] immer wieder vor mich geschickt hatte, sah me[ine   ] Schlacht u[nd][10]mit seinem Gürtel[schw]ert durchschnitt er mit seinen eigenen Händen den Bogen, den Beistand seines Armes.

---

[108] Reade, 1979a: 97 und Reade 1976: 100 identifiziert in Szene 14 Teummans Kopf bei der Zählung der Köpfe. Teummans Kopf werde gerade von dem Assyrer unmittelbar vor dem Zelt getragen. Erkennbar sei der Kopf an seiner hohen Stirn.

[109] Vgl.: Wäfler 1975: 291.

[110] MEŠ in Zeile 2, KI in Zeile 3, MU und ma in Zeile 4. Vgl. Borger 1996: 302; Gerardi 1987: 274 f. o. 1988: 30.

TD F 1 (16)   [1][El]am

                 [2][   ] Bogen [   ]

Die Unterschiede zwischen dem Vorschlag A1 11 und der Beischrift NB 1 zu
Szene 1 der Darstellung im Nordpalast sind graphischer Art. Einige mit
Ideogrammen geschriebene Worte wurden syllabisch ausgeschrieben. Die
scheinbare Veränderung der Aussage von "Beistand" (tuk-lat) zu "Wesenszugehörige" (si-mat) entsteht lediglich durch Veränderung des ersten Zeichens
des Wortes. Ausserdem wurde der fehlende Name des Königs eingefügt.
Dass die Beischrift aus dem Nordpalast stammt, stimmt nachdenklich, zumal
die Vorstellung, dass eine Tafel Vorschläge für zwei verschiedene Reliefzyklen
enthalten kann, etwas befremdend ist. Allerdings findet sich die Tötung des
Ituni auch im Südwestpalast dargestellt, und zwar in Szene 31. Bei der erneuten Darstellung der Schlacht im Nordpalast wurde die Episode ebenfalls dargestellt, diesmal aber beigeschrieben.[111] Im Südwestpalast wurde vielleicht aus
Platzmangel auf eine Beischrift verzichtet.

2.1.2. Teumman und sein Sohn

Einige Vorschläge und die meisten Szenen in Register II von Raum XXXIII
des Südwestpalastes schildern die Flucht und Ermordung Teummans und seines Sohnes.

Flucht Teummans

TD A1 5 (5)   [14]Teumman, der König von Elam, sah die Niederlage seiner Truppen und,[15]um
                 sein Leben zu retten, floh er und raufte seinen Bart.

Vorschlag A1 5 beschreibt eher allgemein, dass Teumman während der Schlacht
zu fliehen versuchte. Er bietet inhaltlich keine Anhaltspunkte, um ihn einer
bestimmten Szene im Südwestpalast, die die Flucht Teummans darstellen, zu-
zuordnen. Er könnte eher als Beschreibung mehrerer Szenen im Bereich von
Szenen 17 bis 21 des Südwestpalastes gedacht gewesen sein, was allerdings
nicht umgesetzt wurde.[112]

Sturz des Wagens

TD A1 7 (7)   [19]Teumman, der König von Elam, der in meiner mächtigen Schlacht verwun-
                 det worden war,[20]floh um das Leben zu retten und "schlüpfte" in den Wald.
                 [21]Die Achse des Wagens, des Gefährts seiner Majestät, zerbrach und fiel auf
                 ihn.

---

[111] Vgl. Wäfler 1975: 293; Calmeyer 1988: 32 ff., 44; Reade 1979b: 25; Nagel 1967: 29-30.
[112] Vgl. Wäfler 1975: 291.

TD D1 1 (7)   [1']fl[oh   ] Le[ben   ]

                   [2'][des Ge]fährts seiner Majestät, zer[brach   ]

TD D2 2 (7)   [2']Teumman, der König [   ] [3']um[   ] zu rett[en   ][4'][die Ac]hse des Wagens [   ]

TD H 1 (7)   [1'][u]m   [   ] zu re[tten   ] [2'][   ] zerbrach und fie[l auf ihn   ]

Die Vorschläge A1 7, D1 1, D2 2 und H 1 beziehen sich auf Szene 17 des Südwestpalastes, wo der Sturz des Wagens dargestellt ist.[113] Sie scheinen identisch zu sein.

Flucht Teummans und seines Sohnes

TD A1 6 (6)   [16]LEERRAUM, der Sohn des Teumman, des Königs von Elam, der aus der Niederlage entfloh,[17]sein Gewand zerriss und zum Vater, seinem Erzeuger,[18]sprach: "Vertreib', halte nicht zurück!"

In Vorschlag A1 6 fordert der Sohn den Teumman in direkter Rede zur Eile auf. In Szene 18 des Südwestpalastes wendet sich der rennende Sohn dem gebückt gehenden, verletzten Vater zu, hält ihn an einer Hand fest und scheint ihn mitzuziehen. Der Vorschlag A1 6 war vermutlich für diese Szene gedacht[114], und wäre somit als Alternative zu den folgenden Vorschlägen zur Auswahl gestanden.

Der Sohn hilft Teumman

TD A1 8 (8)   [22][   ], den der Wagen hingeworfen hat und [23][ ] seine [Hän]de ergri[ffen hat].

TD D1 3 (8)   [4'][   ] Elam, den der W[agen   ] [5'][ ] den sein Sohn zum Aufstehen brachte und [   ]

TD D2 4 (8)   [6']Teu[mman   ] [7'] P[N   ]

TD H 3   (8)   [4'][   ] den sein Sohn zum Aufstehen brachte und [   ] ergr[iffen hat.   ]

Vorschläge A1 8, D1 3, D2 4 und H 3 beziehen sich wohl am ehesten auf Szene 18 des Südwestpalastes[115], wo Teumman, nachdem sein Wagen umgestürzt ist, von seinem Sohn an den Händen mitgezogen wird.

"Hebe den Bogen"

SWB 3   [1]Teumman [2]sprach [1]in Verzweiflung [2]zu seinem Sohn: [3]"Hebe den Bogen!"

TD D1 2 (7a)   [3'][in Ver]zweiflung zu seinem Sohn [   ]

TD D2 3 (7a)   [5']Teumman [   ] in Verzw[eiflung   ]

TD H 2 (7a)   [3'][   ] sprach [   ] [sein]em [Sohn]: " He[be   ]

---

[113]   Vgl. Wäfler 1975: 291.

[114]   Vgl. Wäfler 1975: 291.

[115]   Vgl. Wäfler 1975: 291-292.

Die identischen Vorschläge D1 2, D2 3 und H 3 finden sich mit Beischrift SWB 3 zu Szene 19 des Südwestpalastes exakt umgesetzt.[116]

Tötung Teummans und seines Sohnes

SWB 4   [1]Teumman, der König von Elam, der in der mächtigen Schlacht [2]verwundet worden war (und) Tam(ma)ritu, sein ältester Sohn, [3]der seine Hände ergriffen hatte; um ihr Leben zu retten, [4]flohen sie und "schlüpften" in den Wald. [5]Durch den Beistand Assurs und Ištars tötete ich sie. [6]Ihre Köpfe schnitt ich ihnen einander gegenüber ab.

TD D1 4 (9)   [6'][   ] Elam, der in der [ ] Schlacht [7'][   ] sein ältester Sohn [   ]
                     [seine] Hän[de   ] [8'][um] ihr Leben [zu retten,] flohen sie [   ]
                     [9'][den Beista]nd Ass[urs und] Ištars [   ] ABGEBROCHEN

TD H 4 (9)   [5'][ ] sein ältester [So]hn [, [der sei]ne Hände [ergriffen hatte   ] [6'][   ]
                     Durch den Beistand Assurs und [Ištars tötete ich sie   ]

Die Vorschläge D1 4 und H 4 wurden als Beischrift zu den Szenen 20 und 21 umgesetzt. Eine kleine Veränderung wurde bei der Umsetzung vorgenommen[117], vermutlich damit die Zeile den Rahmen des vorgegebenen Kastens nicht sprengt.

Kopf Teummans

SWB 1   [1]Kopf des Teum[man,   ], [2]den inmitten der Schla[cht   ]
               [3]ein gemeiner Soldat meiner Truppe [2][   ]. [4]Als Freudenbot[schaft] sandte man ihn eiligst nach As[syrien].

TD E 2 (S. 307)   [3]Kopf des Teumman, des Königs von Elam.

TD E 3 (10)   [4]1 ; Ich (bin) Assurbanipal, der König der Gesamtheit, der König von Assyrien,[5]der Bezwinger seiner Feinde. Den Kopf des Teumman, des Königs von Elam, der durch die Macht [6]von Assur, Sîn, Šamaš, Bēl, Nabû, Ištar von Ninive, [7]Ištar von Arbela, Ninurta und Nergal abgeschnitten worden war,[8]brachten [7]die Krieger meiner Schlacht eiligst herbei [8]und vor dem Stadttor "Möge alt werden der Priesterfürst Assurs" warfen sie (ihn) [9]LEERRAUM vor meine Räder.

TD A2 1 (10)   [1'][wa]rfen [sie   ] vor meine Räder.

Vorschlag E 2 könnte für jegliche Darstellung des Kopfes Teummans gedacht gewesen sein, so z. B. für Szenen 13, 16 und 24 des Südwestpalastes oder für Szene 33 im Nordpalast. Möglich, dass er als kurze Variante zu E 3 gedacht war. Vorschlag E 3 und der vielleicht damit identische Vorschlag A2 1 galten Szene 13 des Südwestpalastes.[118] Allerdings stimmen sie nicht mit der tatsäch-

---

[116] Vgl. Wäfler 1975: 291.
[117] Statt "ZI-šu$_2$-un" wie in D1 4, Zeile 8' steht auf dem Relief "ZI-MEŠ-šu$_2$". Vgl. Borger 1996: 300 f.; Gerardi 1987: 276 o. 1988: 31.
[118] Vgl. Wäfler 1975: 292.

lich angebrachten Beischrift SWB 1 überein. Der konkrete Vorschlag zu dieser Beischrift muss anderswo aufgezeichnet worden sein.

2.1.3. Einsetzung in Elam

Nach der Schlacht[119] werden Ummanigaš, der vor den Machenschaften Teummans nach Assyrien geflohen war, in Elam, und Tammaritu, sein dritter Bruder, in Ḫidalu als Könige eingesetzt.[120]

Ummanigaš

SWB 6   [1][Umman]igaš, den Flüchtling, den Diener, der meine Füsse ergriffen hatte, [4]liess [2]auf meinen Befehl [3]mein *Šūtrēši*, den ich gesandt hatte, [2]in Freuden in Madaktu [3]und Susa [4]eintreten und [5]auf den Thron des Teum[man], den meine Hände über[wältigt hatten], [4]sitzen.

TD A1 12 (17)   [11]Um[man]igaš, den Flüchtling, den Diener, der meine Füsse ergriffen hatte, [13]liess [12]a[uf] meinen [Be]fehl mein *Šūtrēši*, den ich [gesandt hatte], [12]in Freuden in Susa [13]und Madaktu eintreten und [14][auf den Th]ron des Teumman, den meine Hän[de über]wältigt hatten, sitzen.

Der Vorschlag A1 12 und die Beischrift SWB 6 zu Szene 64 des Südwestpalastes stimmen praktisch überein. Verschieden ist nur Reihenfolge der beiden Ortschaften, die vielleicht dadurch zu erklären wäre, dass die Darstellung mit Szene 66 Madaktu zeigt und man den Ort deshalb in der Aufzählung vorgezogen hat. Weitere Unterschiede liegen in der Schreibung.[121]
Eine Einführung ist ebenfalls im Raum I des Nordpalastes mit Szene 22 dargestellt.

Tammaritu

TD B 3 (S. 306)   [5]Tammaritu [ ] [6]mit ihm schick[te] ich [   ] [7]Leute von Ḫidalu [   ]

---

[119] Die Einführung des neuen elamischen Königs Ummanigaš durch den assyrischen General muss unmittelbar auf die Schlacht am Ulai gefolgt sein. In Vorschlag A1 1 wird ein Heer erwähnt, das man dem Ummanigaš mitgegeben hat, um Elam zu erobern. Natürlich könnte die Truppe gemeint sein, die ihn schliesslich eingesetzt hat, und die muss nicht mit dem Heer identisch sein, das am Ulai gekämpft hat. Weit aufschlussreicher ist die Tatsache, dass nach den Annalen Ummanigaš den Aplāja gefangensetzt und ausliefert, und dieser bei der Prozession mit Dunanu und den anderen Gefangenen anwesend ist. Um dies in dieser Zeit zu schaffen, muss Ummanigaš im Gefolge des zum Ulai ziehenden assyrischen Heeres mitgegangen sein, um so nach vollendetem Sieg gleich als Nachfolger eingesetzt werden zu können. Vgl. Streck 1916: 124-127.

[120] Borger 1996: 226; Streck 1916: 26-27, 120-121; zur Lokalisierung von Ḫidalu s. Vallat 1993: 96.

[121] SWB 6, Z. 5 "[ik]-šu-da" gegenüber A1 12, Z. 12 "KUR". Vgl. Borger 1996: 302; Gerardi 1987: 277 f. o. 1988: 32.

Zunächst scheint es, dass auch die Einsetzung Tammaritus als Darstellung geplant war.[122] Wenigstens ist mit B 3 ein Vorschlag dazu gemacht worden. Möglich ist allerdings auch, dass auf den Reliefs im Südwestpalast (und im Nordpalast) erst durch die Beischrift definiert werden sollte, ob es sich dabei um die Einführung Ummanigaš' in Madaktu (und Susa) oder die des Tammaritu in Ḫidalu handelt. Vielleicht wurde bei der Planung der Reliefzyklen anfangs noch offengelassen, welche der beiden Einsetzungen dargestellt werden soll.

2.1.4. Feldzug gegen Gambulu

Auf dem Rückweg aus Elam zieht das assyrische Heer gegen Šapībēl, den Hauptort des mit Elam verbündeten Gambulu. Die Stadt wird angegriffen und belagert. Dunanu, das Oberhaupt der Gambuläer, und seine Familie werden festgenommen und nach Assyrien gebracht.[123]

Belagerung

TD A1 13 (18) [15]Meine Trup[pen], die auf den Feldzug nach Elam gegangen waren (und) [16]ihre Ermüdung noch nicht beruhigt hatten- [17]nach Šapībēl, gegen Dunanu richtete ich ihr Gesicht.[18]Gegenüber dieser Stadt legten sie ein Feldlager an, umzingelten (sie), und hielten ihren Ausgang besetzt.

TD A1 26 [28'][Assur]banipal, der König von Assyrien, der durch den Beistand Assurs,
+   meines Herrn, me[ine] Feinde [29'][   ] Ich erreichte alle [meine] Wünsche.

TD A2 11 (36) [1]Šapībēl, den Stützpunkt der Gambulä[er   ] [2]auf ihn liess ich einen Damm festtreten [   ]. [3]Dunanu, der Sohn des Bēliqīša - der Schreckensglanz mein[er] Majestät [4][über]wältigte ihn, er zerbrach seinen Bogen und [5][m]it seinen Grossen zu innbrünstigen Gebeten vor meinen Boten [6][ ]sie küssten meine Füsse.

TD A1 14 (19) [19]Dunanu [, den Sohn des Bēl]iqīša, den Gambuläer befiel der Schrecken, und [20]er ver[lie]ss seine Stadt und vor meinen Boten [21]kam er heraus un[d] küsste meine Füsse.

Vorschlag A1 13 beschreibt eine Darstellung der Belagerung und Eroberung von Šapībēl, die aber nicht erhalten ist. Falls sie überhaupt je umgesetzt wurde, könnte sie sich im Südwestpalast im oberen Register links vom Durchgang befunden haben, oder links davon auf den nicht erhaltenen Platten.

Die Vorschläge A1 26 und A2 11 lassen sich zu einem einzige Vorschlag verbinden.[124] Dieser und A1 14 beziehen sich auf eine Darstellung der Unterwerfung Dunanus und seiner Leute. Auch davon ist auf keinem der Reliefs etwas

---

[122] Vgl. Wäfler 1975: 290.
[123] Borger 1996: 227; Piepkorn 1933: 70-73; Streck 1916: 26-29, 122-125.
[124] Borger 1996: 305; Weidner 1932-1933: 184-185.

zu finden. Mögliche Stellen dafür wären wiederum Register I oder links von Platte 1 im Südwestpalast, dort am ehesten im oberen Register.

Plünderung Šapībēls

TD A2 13 (38)   [10][Ich (bin)Assurbanipal, der König von] Assyrien, der auf Befehl der grossen Götter, seiner Herren, [ ] der alle seine Wünsche erreichte. [12][ ] Bēliqīša, Samgunu [13][ ] Nabûna'id, Bēlēṭir, [14][die Šan] dabakku-Beamten [15][ ] seine Brüder [16][ ] König der Gambu[läer]

Vorschlag A2 13 gleicht einer Passage aus den Annalen, die dort im Zusammenhang mit der Plünderung Šapībēls steht.[125] Deshalb habe ich diesen Vorschlag hier zugeordnet. Falls die Szene dargestellt wurde, dann am ehesten in Register I oder links davon auf der verlorenen Platte.

Festnahme Dunanus

TD A2 12 (37)   [7][ ] des Bēliqīša, ergriff ich lebendig mit den Händen,[8][ ] legten ihm eiserne Fesseln an und [9]sandten (ihn) eilig [v]or mich.

TD G 2 (37)   [3][Dunan]u, den Sohn des Bēliqīša, [4]ergriff ich [leb]endig mit den Händen, [5][ ]meine Krieger legten ihm Fesseln an und [6]sandten (ihn) eilig [nach] Ninive vor mich.

TD C 4 (37)   [6][des B]ēliqīša, [7]ergriff ich [ ] mit den Händen [ ][8] leg[ten ihm Fess]eln [an] [ ]

Vorschläge G 2 und C 4 sind, soweit erhalten, identisch. In A2 12 ist nur AN-BAR "eisern" hinzugefügt. Ansonsten ist auch dieser Vorschlag mit G 2 identisch. In Szene 51 des Südwestpalastes ist ein Mann in Fesseln und mit einem Kopf um den Hals dargestellt, den wir als Dunanu betrachten können (vgl. unter 2.1.8. "Samgunu"). Doch steht diese Szene im Zusammenhang mit den Hinrichtungen, die den Ereignissen folgen. Da die Vorschläge sich auf die Eroberung und Auslieferung nach Ninive beziehen, kommt wohl eher eine verlorene Stelle in Register I oder links davon in Betracht.

2.1.5. Einzug in Ninive

Beim triumphalen Einzug in Ninive wird - gemäss den Annalen - Dunanu der Kopf des Teumman und seinem Bruder Samgunu der Kopf des Ištarnandi umgehängt. Beim Anblick des Kopfes des Teumman lassen sich die beiden elamischen Gesandten Umbadarā und Nabûdamiq, die in Ninive festgehalten worden waren, zu Verzweiflungstaten hinreissen. Daraufhin wird der Kopf

---

[125] Borger 1996: 227; Streck 1916: 28 - 29.

Teummans im Stadttor zur Schau gestellt. Anschliessend werden Dunanu und Samgunu nach Baltil und Arbela gebracht.[126]

Dunanu, Samgunu und Apläja werden mit einem Bären zusammen an Stadttoren zur Schau gestellt, allerdings geht nirgends klar hervor, ob dies ebenfalls in Ninive geschah.

Die Darstellung dieses Einzuges befand sich vermutlich links der Reihen mit Gambuläern in Register I von Raum XXXIII des Südwestpalastes.[127] Leider ist das Register ziemlich zerstört, wodurch vermutlich die Szenen verlorengegangen sind, die sich mit den folgenden Vorschlägen (A2 4, A2 3, A2 9, E 6) in Verbindung bringen lassen könnten.

TD A2 4 (13)   [11][As]surbanipal, der König von Assyrien. Mit dem abgeschnittenen Ko[pf des Teum]man, [12][   ] von Elam, den ich durch den Beistand Assurs err[ei]cht hatte, [13]zog ich freudig in Ninive ein.

Umbadarā und Nabûdamiq verzweifeln

TD E 4 (12)   [10]2; Ich (bin) Assurbanipal, der König der Gesamtheit, der König von Assyrien. [11]Nabûdamiq (und) [Um]badarā, die Vornehmsten [12][   ] [frec]hen [   ] [13]ABGEBROCHEN [   ]? ABGEBROCHEN

TD A2 3 (12)   [4][   ] Vornehmsten des Teumman[5][die e]r schickte[6][in vo]llem Zorn über ihren Herrn [7][   ] hielt er sie zurück.[8][   ], den man vor mich gebracht hatte, sahen sie. [9][   ] raufte seinen Bart. [10][   ] durchbohrte [m]it seinem Gürtelschwert seinen Bauch.

Die beiden Vorschläge scheinen sich zu ergänzen. Eine Darstellung ist nicht erhalten oder wurde nie ausgeführt. Sie müsste sich aber bei der Ankunft der gambuläischen Gefangenen in Ninive befunden haben, also in Register I.

Zurschaustellung

TD A2 9 (26)   [10]Du[nanu   ] [11]im [   ] [Stadtt]or[12]z[ur   ]

TD E 6 (26)   [4]Dunanu, Samgunu, Apläja [5]im östlichen und westlichen Stadttor [6]zur Schau für die Leute band ich sie mit einem Bären an.

A2 9 und E 6 sind vermutlich identisch. Apläja wird in Vorschlag A1 24 mit dem Einzug nach Arbela erwähnt, während er in E 6 mit einem Bären angebunden wird. Seine Auslieferung wird in den Prismen B und C vor dem Transport Dunanus und Samgunus nach Baltil und Arbela erwähnt. Für den Standort der Tore, bei denen die drei angebunden wurden, kommen also Ninive, Assur oder Arbela in Frage. Es ist uns keine entsprechende Szene erhalten.

---

[126] Borger 1996: 227; Piepkorn 1933: 72-75; Streck 1916: 124 - 127.
[127] Vgl. Wäfler 1975: 292 f.

2.1.6. Milqia

Während Assurbanipal in Milqia, bei Arbela gelegen[128], das Fest der Šadri feiert, wird der gefangene Dunanu vor ihn gebracht.

TD A1 15 (20)   [22]Ich (bin) Assurbanipal, [   ] von Assyrien. Inmitten der Stadt Milqia[23]opferte ich prächtige Opfer und beging das Fest der Šadri. [24]An diesem Tag waren Duna[nu an Hän]den und Füssen eiserne Fesseln angelegt, [25]und man brachte (ihn) vor mich.

A1 15 beschreibt die Ankunft Dunanus in Milqia. Dass dieser Vorschlag mit einem "Ich (bin) Assurbanipal" anfängt, legt die Vermutung nahe, dass sich eine Darstellung des Königs bei der Szene befand, da dieser Typ von Beischriften normalerweise bei der Darstellung des Königs zu finden ist.[129] In Szene 51 des Südwestpalastes ist Dunanu in Fesseln dargestellt (vgl. 2.1.8. "Samgunu", und auch der König steht im Bild. Vielleicht gehört dieser Vorschlag hierzu. Sollte die Szene tatsächlich Dunanu in Milqia zeigen, so wäre mit dieser Szene die Einheit des Ortes in Register III aufgehoben.

TD A1 17 (22)   [29][des Bēliqīš]a, den Gambuläer [30][   ] und Füssen zur Stadt R[u]a [31][   ] bis [vor] mich [   ]

TD A1 16 (21)   [26][ni]cht bewahrte, Dunanu, Sohn des Bēliqīša [27][   ] auf d[as Ge]sicht warf ich ihn und [28][ich] richtete über ihm auf.

TD G 1 (21)   [1][   ] warf [ic] h ihn [   ] [2][ich rich]tete über [ihm] auf .

Ob A1 17[130], A1 16 und G 1 auch in diesen Rahmen gehören, ist unsicher: Die darin beschriebenen Handlungen beziehen sich nur gerade auf Dunanu, doch sind sie zu fragmentarisch, um sicher eingeordnet werden zu können. A1 16 und G 1 scheinen identisch zu sein.

2.1.7. Einzug in Arbela

Nach den Feierlichkeiten für Šadri und dem Fest des Neujahrsfesthauses zieht Assurbanipal mit Dunanu, Samgunu, Aplāja und dem abgeschnittenen Kopf des Teumman in einer Prozession in Arbela ein.

TD A1 24 (34)   [18]Ich (bin) Assurbanipal, der König von Assyrien, der, nachdem ich die Opfer der Šadri[19]dargebracht, das Fest des Neujahrsfesthauses begangen, (und) [20]die Zügel der Ištar ergriffen hatte - [21]inmitten von Dunanu, Samgunu, Aplāja und

---

[128] RlA 8, 207.
[129] Gerardi 1988: 8.
[130] Vgl. Wäfler 1975: 294.

dem abgeschnittenen Kopf des Teumman, [22]des Königs von Elam, den Ištar, die Herrin, meinen Händen überantwortet hatte, [23']in Freu[den] Einzug in Arbela hielt.

TD G 3 (34) [7][Ich (bin)] Assurbanipal, der König der Gesamtheit, der König von Assyrien, der,[8][nachdem] ich die Opfer der Šadri dargebracht,[9']das Fest des Neujahrsfesthauses [begangen][10'][die Z]ügel der Ištar [11'][ ] Samgunu, Apläja [12'][Teum]man, des Königs von Elam, [13'][ABGEBROCHEN] in Freuden Einzug in Arbela [hie]lt.

TD E 5 (34) [ABGEBROCHEN] [1']und dem abgeschnittenen Kopf des Teumman, des Königs von Elam, [2']den Ištar, die Herrin, meinen Händen überantwortet hatte, [3']in Freuden Einzug in Arbela hielt .

TD E 7 (S. 307) [7]Mit dem abgeschnittenen Kopf des Teumman, des Königs von Elam,[8']machte ich mich in Freuden auf den Weg nach Arbela.

TD B.2 (S. 307) [3']Mit [ ] [4']Weg[ ]

Der Vorschlag A1 24 ist um ein Epitheton kürzer als G 3 und variiert etwas in den Schreibungen. Von E 5 ist nur der Schluss erhalten und der stimmt mit dem von A1 24 und G 3 überein. E 7 kann als eine kurze Variante eines Vorschlags zu diesem Ereignis betrachtet werden. Eine Prozession nach Arbela ist im oberen Register des Nordpalastes dargestellt. Darauf könnten sich die Vorschläge bezogen haben.[131] Aus dem Südwestpalast ist uns keine Darstellung des Einzuges bekannt.

Wein auf die Köpfe der Feinde

TD A2 5 [14']Ich (bin) Assurbanipal, der König von Assyrien. Den Kopf des Teumman, [des Königs] von Elam,[15'] brachte ich gegenüber dem Tor im Stadtzentrum, wie eine Opfergabe dar.[16']Was seit jeher durch Opferschauerei berichtet worden

+ war, folgendermassen: "Die [Kö]pfe [17']deiner Feinde wirst du abschnei[den.]

TD A1 9 (14) [1']Wein sollst du [über ihn]en spenden, die[?] [ ] [?2']Jet[zt Šam]aš und Adad zu meiner Zeit [ ] [3']die Köpfe meiner [Fein]de schnitt ich ab, Wein spendete ich [über ihnen].

Im Nordpalast - Szene 33 - ist eine kultische Handlung dargestellt: Assurbanipal stellt einen Bogen auf einen Kopf. Die beiden Vorschläge, A2 5 und A1 9, die sich durch ihre Stellung auf der Tafel zu einem einzigen verbinden lassen[132], beziehen sich wahrscheinlich auf diese Episode.[133] Aus dem Südwestpalast ist uns keine vergleichbare Szene bekannt.

---

[131] Vgl. Wäfler 1975: 296.
[132] Borger 1996: 301 f.; Weidner 1932-1933:180-181.
[133] Vgl. Wäfler 1975: 293.

2.1.8. Hinrichtungen

Während der Feierlichkeiten in Arbela trifft eine urartäische Gesandtschaft Rusas II. ein, der die beiden elamischen Gesandten mit den frechen Botschaften gegenüber gestellt werden. In ihrer Gegenwart werden die Aufrührer Mannukīaḫḫē und Nabûuṣalli hingerichtet. Dunanu wird in Ninive wie ein Schaf geschlachtet. Ebenfalls in Ninive werden Nabûna'id und Bēlēṭir gezwungen, die Knochen ihres Vaters zu zerreiben. Weitere Aufrührer werden hingerichtet, und ihr Fleisch in alle Länder geschickt. Diese Hinrichtungen bilden in der Annalenversion von Prisma B den Abschluss der Schilderung der Ereignisse, die mit der Schlacht am Ulai zusammenhängen.[134]

Die urartäischen Gesandten; Mannukīaḫḫē und Nabûuṣalli

SWB 7   [I]ch (bin) Assurbanipal, der König der Gesamtheit, der König von Assyrien, [der] mit dem Beistand Assurs und der Ištar, meiner Herren, meine [Feinde] überwältigte. Ich erreichte alle meine Wünsche. [Ru]sa, der König von Urar[tu], hörte von der Macht Assurs, meines Herrn, und die Furcht vor meinem Königtum warf ihn nie[der], und er sandte seine Vornehmsten nach Arbela, um sich nach meinem Wohlbefi[nden] zu erkundigen.

                Nabûdamiq und Umbadarā, die Vornehmsten von Elam, stellte ich mitsamt den Tafeln mit der frechen [Bot]schaft vor ihnen auf.

SWB 5   Dem PN LEERRAUM und PNLEERRAUM, die vor Assur, dem Gott, meinem Erzeuger, grosse Unverschämtheiten sprachen, riss ich ihre Zunge aus, zog ich ihre Haut ab.

TD A1 18 (28)   [SPUREN A] ssur, dem Gott, meinem Erzeuger [ ] riss ich ihre [Z]unge aus ihre Haut [ ]

TD B 1 (S. 306) [ABGEBROCHEN] des Nabû[uṣalli] zo[g] ich [ab]

TD E 8 (S. 307) Ich (bin) Assurbanipal, der König von Assyrien. Rusa, der König von Urartu, sandte Vornehmste um sich nach meinem Wohlbefinden zu erkundigen. Nabûdamiq und Umbadarā, die Vornehmsten von Elam, stellte ich [mitsamt] den Tafeln mit der frechen Botschaft vor ihnen auf. Ihnen [geg]enüber Rand riss ich dem Mannukīaḫḫē, dem Stellvertreter Dunanus, (und) Rand Nabûuṣalli, seinem Stadtpräfekten, ihre Zunge aus (und) Rand zog ich ihre Haut ab.

In Szene 60 sind die beiden elamischen Gesandten den beiden Urartäern gegenüber gestellt, was auch mit Beischrift SWB 7 erläutert wird. Die Hinrichtung ist in Szene 49 dargestellt, wozu auch Beischrift SWB 5 mit den noch ausgelassenen Namen gehört.[135]

---

[134] Borger 1996: 227 f.; Piepkorn 1933: 74-77; Streck 1916: 126-127.
[135] Vgl. Wäfler 1975: 295.

In E 8 sind die beiden Aussagen zu einem Vorschlag verbunden und im Detail etwas ausführlicher. A1 18 war der Vorschlag zu SWB 5. Vorschlag B 1 könnte, sowohl mit A1 18, als auch mit E 8 identisch sein, doch ist zuwenig erhalten, um ihn klar zuzuweisen.

Dunanu

TD A1 19 (29)   [5] [Duna]nu, den Sohn des [Bēliqī]ša, den Gambuläer,[6] [der beu]nruhigte mein Königtum, [7]schlachtete ich [a]uf der [Schlacht]bank wie ein Schaf und [8]zer[te]ilte seine Glieder.

Auf neuassyrischen Darstellungen kann man sehen, wie Tiere geschlachtet werden: Man bindet ihnen die Beine zusammen und wirft sie auf den Rücken. Dann werden sie an den Beinen festgehalten und ihre Kehle wird durchgeschnitten.[136] In Szene 56 geschieht dies mit einem Mann. In der oberen Hälfte der Szene wird er auf den Rücken geworfen, in der unteren Hälfte der Szene wird er an den Füssen und am Kopf gehalten, während sich ein Assyrer an seinem Kopf und Hals zu schaffen macht. Gemäss den Annalen ist Dunanu die einzige Person, die im Verlauf dieser Ereignisse wie ein Schaf geschlachtet wird. Szene 56 kann also mit Vorschlag A1 19 in Verbindung gebracht werden und stellt folglich die Hinrichtung des Dunanu dar.[137] Aus den Annalen erfahren wir ebenfalls, dass die Hinrichtung in Ninive stattfand[138]. Dadurch wird mit dieser Darstellung in Register III die Einheit des Ortes durchbrochen. Anzuschliessende Szenen: In Szene 55 schauen die beiden urartäischen Gesandten der Hinrichtung zu; hinter ihnen in Szene 54 stehen noch die Pferde mit denen man von Arbela nach Ninive zog.

Samgunu

TD A2 2 (11)   [2][mit einem Dol]ch die Sehnen seines Gesichtes [3][sp]uckte Speichel auf ihn.

Der Vorschlag A2 2 hat wohl Szene 57 gegolten, in der ein Mann mit einem Kopf um den Hals bespuckt wird, doch sind die Namen der beiden Akteure verlorengegangen. Beide tragen einen babylonischen Mantel, darunter ein langes Hemd und eine Kopfbedeckung. Betrachten wir dazu noch die Person in Szene 51: Auch ihr ist ein Kopf um den Hals gehängt, auch sie trägt den babylonischen Mantel, allerdings darunter ein kurzes Hemd und keine Kopfbedeckung. Wir haben es also hier mit zwei verschiedenen Babyloniern zu tun, die durch einen Kopf um den Hals gekennzeichnet sind. Aus den Annalen[139] sind

---

[136] Darstellungen bei King 1915: Pl. LIX; Paterson 1915: Pl. 85.
[137] Vgl. Wäfler 1975:295.
[138] Borger 1996: 228; Piepkorn 1933: 74-75; Streck 1916: 126-127.
[139] Borger 1996: 227.

uns nur zwei Personen bekannt, denen während der hier beschriebenen Ereignisse ein Kopf um den Hals gehängt wird, nämlich Dunanu und sein jüngerer Bruder Samgunu.

Akzeptieren wir die Interpretation von Szene 56 als Hinrichtung des Dunanu, dem der babylonische Mantel ausgezogen wurde und nur im kurzen Hemd da liegt, so muss es sich in Szene 57 bei dem Babylonier mit dem langen Hemd und der Kopfbedeckung um Samgunu handeln, wenn wir nicht annehmen wollen, dass sich Dunanu während der Ereignisse kurz umgezogen hat. Dadurch wäre auch die Identifikation des Babyloniers in Szene 51 mit Dunanu zwingend.[140] Allerdings bleibt der Name des Bespuckers im Dunkeln. Der einzige Babylonier, der sich ebenfalls in Arbela befand und in diesem Zusammenhang in Frage kommt ist Apläja. Doch leider gibt es für eine solche Identifizierung keine bestärkenden Hinweise, so dass sie hypothetisch bleiben muss. Anzuschliessende Szenen: Der Szene 51 sind noch die Szenen 50, wo der Kopf zu Dunanu herübergereicht wird, und Szene 52, in der ein bärtiger Urartäer alles beobachtet, anzuschliessen.

Zu Szene 57 gehört noch Szene 58, in der ebenfalls ein Urartäer, allerdings ohne Bart, alles beobachtet.

Nabûna'id und Bēlēṭir ?

TD D2 1 (S. 307)   [1'][ ] die Söhne/ Bewohner [ ]

Aus den Annalen erfahren wir, dass Nabûna'id und Bēlēṭir in Ninive gezwungen werden, die Knochen ihres Vaters zu zerreiben.[141] In Szene 4 des Südwestpalastes Personen in babylonischer Tracht über Mahlsteinen kniend dargestellt. Dabei wird es sich um Nabûna'id und Bēlēṭir, die Söhne des Nabûšumēreš handeln, dessen Gebeine sie zerreiben müssen. Zu diesem Ereignis gehört möglicherweise D2 1, da die beiden oft als Söhne des Nabûšumēreš bezeichnet werden, und uns sonst keine Vorschläge und keine Beischriften überliefert wären, obschon die Episode dargestellt ist. Allerdings könnten mit "Söhnen" auch andere bezeichnet sein, z. B. die Söhne des Bēliqīša oder die Bewohner eines Ortes. Während die Zuweisung von D2 1 äusserst unsicher ist, lässt sich dank der Annalen Szene 4 klar identifizieren.

2.1.9. Zusammenfassung der identifizierten Szenen und Episoden

Die Identifikation der Episoden und Szenen wird später der Analyse der narrativen Struktur dienen. Hier sind die Szenen, die sich anhand der schriftlichen Quellen identifizieren lassen, nochmals zusammengestellt:

---

[140]   Anders: Barnett - Lorenzini 1975: Kommentar zu Tf. 157.
[141]   Borger 1996: 228; Piepkorn 1933: 74-75; Streck 1916: 126-127.

Südwestpalast

Szene

4   Nabûna'id und Bēlēṭir, die Söhne des Nabûšumēreš, werden in Ninive von Assyrern gezwungen, die Gebeine ihres Vaters zu zerreiben. (Annalen, D2 1?)

13   Teumman wird in der Schlacht getötet, und sein Kopf nach Assyrien gebracht. (Annalen, SWB 1, A2 1, E 2?, E 3)

14/15 Umbakidennu und Zineni ergeben sich im assyrischen Feldlager. Vor dem Zelt steht ein elamischer Wagen, von dem die mitgebrachten Köpfe abgeladen werden. (A1 3, B 5, C 2, C 3)

17   Teumman und sein Sohn Tam(ma)ritu fallen aus dem stürzenden Wagen des elamischen Königs. (A1 7, D1 1, D2 2, H 1)

18   Tam(ma)ritu packt seinen Vater bei der Hand und hält ihn zur Eile an. (A1 6, A1 8, D1 3, D2 4, H 3)

19   Teumman und sein Sohn sind von assyrischen Soldaten umzingelt und versuchen, Widerstand zu leisten. (SWB 3, D1 2, D2 3, H 2)

20/21 Teumman und sein Sohn werden von einem Assyrer mit geschultertem Bogen erschlagen und enthauptet. (SWB 4, D1 4, H 4)

29   Der verletzte Urtaku ruft einen assyrischen Soldaten herbei, um sich töten zu lassen. (SWB 2, A1 10)

31   Ituni zerschneidet die Sehne seines Bogens und wird umgebracht. (NB 1, A1 11, F 1?)

49   Mannukīaḫḫē und Nabûuṣalli werden in Arbela hingerichtet. (Annalen, SWB 5, A1 18, B 1, E 8)

50/51 Dunanu, der in Fesseln geht, wird der Kopf Teummans um den Hals gehängt. Ein bärtiger Urartäer wohnt der Szene bei. (In Milqia o. Arbela?) (A1 15?)

55/56 Zwei urartäische Gesandte beobachten in Ninive, wie Dunanu wie ein Schaf geschlachtet wird. (Annalen, A1 19)

57/58 Samgunu, dem der Kopf Ištarnandis um den Hals gehängt wurde, wird von einer Person in babylonischer Tracht bespuckt. Der Szene wohnt der bartlose Urartäer bei. (Annalen, A2 2)

60   Assurbanipal empfängt die zwei urartäischen Gesandten. Ihnen werden Umbadarā und Nabûdamiq mit den Tafeln mit den frechen Botschaften gegenüber gestellt. (Annalen, SWB 7, E 8)

62   Ummanigaš wird als Nachfolger Teummans in Madaktu eingesetzt. (Annalen, SWB 6, A1 12)

Nordpalast

1   Ituni zerschneidet seinen Bogen und wird umgebracht. (NB 1, A1 11, F 1?)

22   Ummanigaš wird als Nachfolger Teummans in Madaktu eingesetzt.
      (Annalen, SWB 6, A1 12)
33   Assurbanipal libiert über den Köpfen seiner Feinde Wein. (A2 5+A1 9)
Alle anderen Vorschläge lassen sich m. E. nicht klar zuordnen.[142]

2.2. DIE BEZIEHUNGEN ZWISCHEN DEN TAFELN MIT DEN BEISCHRIFTENVORSCHLÄGEN

Fixpunkte
1. Tafeln A1 und A2 scheinen Fragmente einer grossen Sammeltafel gewesen
   zu sein, die man - so aus der Unterschrift ersichtlich - dem König vorgelesen hat.[143]
2. Die Verschmelzung der Episoden mit Umbakidennu und Zineni zu einer
   einzigen Darstellung und Beischrift in Vorschlag A1 3 bietet ein weiteres
   Kriterium für die Einordnung der Tafeln. Auf der Sammeltafel finden sich
   keine Vorschläge, die die Episoden einzeln behandeln. Tafeln, die als Vorlage gedient haben, hätten diese Verschmelzung berücksichtigen müssen.
   Deshalb sollen Tafeln, die diese beiden Episoden getrennt behandeln, der
   Phase des Brainstorming zugeordnet werden. Ebenso in diese Phase gehören diejenigen Tafeln, die mehrere Vorschläge für dieselbe Szene tragen.

Tafeln A1 und A2
Der Text ist vierkolumnig. Vorschläge A1 4 und A1 21 bzw. A1 6 und A1 8
sind Varianten zu einer Szene. Die Unterschrift weist den Text als Kopie einer
Tafel aus, die dem König - wohl zur Auswahl - vorgelesen wurde. Sämtliche
zuordbare Vorschläge gehören zur Darstellung in Raum XXXIII des SW-Palastes, A1 11 ausserdem noch zur Darstellung in Raum I des Nordpalastes. Zu
allen anderen fehlt eine passende Darstellung. Vorschläge von Tafeln B (9), C
(1, 4) E (1, 3, 5, 6), F (1, 2) und G (1, 2, 3) finden sich auf dieser Tafel wieder,
die somit zur Sammeltafel erklärt werden kann.

Tafel B
Tafel B bietet zu verschiedenen Episoden je einen Vorschlag. B 3 gilt
Tammaritu, dessen Einsetzung in Ḫidalu nirgends dargestellt ist. Vorschlag B
4 findet sich auf der grossen Sammeltafel wieder. B 1 und B 9 finden sich zwar
als beigeschriebene Szene, doch sind die Beischriften anders formuliert. Die

---

[142] Zu fragmentarisch oder allgemein, um sicher zugeordnet zu werden, sind folgende Vor-
     schläge: A2 6, A2 7, A2 8, A2 10, B 6, B 7, B 8, F 3.
[143] Laut S. Smith sprechen Form und Duktus für eine Zusammengehörigkeit der beiden Tafeln
     (so bei Weidner 1932-1933: 177 Anm. 8).

anderen Vorschläge lassen sich sonst nirgends festmachen. Text B findet sich also nur auf der Sammeltafel umgesetzt und wäre somit in den Bereich des Brainstorming zu setzen.

Tafel C

Vorschläge C 1 (Simburu) und C 4 (Dunanu) finden sich, etwas variiert, auf der Sammeltafel wieder. In Vorschlag C 2 tritt Umbakidennu ohne Zineni auf. Tafel C gehört deshalb in die Phase des Brainstorming.

Tafel E

E 5 und E 7, vielleicht auch E 2 und E 3, sind Vorschläge zur gleichen Episode, allerdings in einer kürzeren und einer längeren Variante. Vorschlag E 8 ist ausführlicher als die angebrachten Beischriften. Ausserdem kombiniert er noch Inhalte, aus denen zwei Beschriften entstanden sind. E 1, E 5 und E 6 finden sich auf der Sammeltafel wieder, alle anderen sind nirgends festzumachen. Dass zur gleichen Szene Varianten angeboten werden, und diese Vorschläge nur auf der Sammeltafel zu finden sind, verweist diesen Text in die Phase des Brainstorming.

Tafel F

Vorschläge F 2 und F 3 scheinen Varianten zur selben Szene sein. Vorschlag F 1, so fragmentarisch der Text ist, könte die Beischrift zur Episode mit Ituni darstellen. F 2 und F 1 finden sich auf der Sammeltafel wieder. Daher möchte ich die Tafel zum Brainstorming zählen.

Tafel G

Die Vorschläge von Tafel G finden sich nur auf der Sammeltafel wieder. Sie lassen sich mit Ausnahme von G 4 keiner erhaltenen Szene zuordnen. G 1 bis G 3 behandeln Ereignisse, die vielleicht im fehlenden (links von Platte 1) bzw. zerstörten Teil (Register I) des Zyklus des Südwestpalastes dargestellt waren. G 4 könnte ebenfalls einer Szene derselben Platten (Szene 12?) zugeordnet werden. Da die erhaltenen Vorschläge unterschiedliche Inhalte haben, und sich daher wohl auch auf unterschiedliche Darstellungen beziehen, könnte Tafel G als Vorlage zu Darstellungen links vom Durchgang von Raum XXXIII des Südwestpalastes gedient haben. Da uns aber die Darstellungen fehlen, um diese Vermutung abzusichern, soll von einer Zuordnung Abstand genommen werden.

Die Tafeln B, C, E und F können also der Phase des Brainstorming zugewiesen werden. Auf den Tafeln A1 und A2 wurden die Vorschläge, die in die nähere Auswahl kamen, zusammengefasst und dem König vorgelesen. Einen weiteren Schritt in der Entstehung der Reliefs markieren die Texte D1, D 2 und H.

Tafeln D1, D2 , H

Tafeln D1, D2 und H tragen die gleichen Vorschläge in der gleichen Reihenfolge. Einige sind auf der Sammeltafel A1 zu finden, andere als Beischrift umgesetzt worden. Diejenigen Vorschläge, die nicht umgesetzt wurden, sprechen immerhin eine bestimmte Szene an. Folgendermassen sind die Beziehungen:

		Tafeln		Relief
		D2 1 ————————————		Szene 4 (?)
A1 7 ———— D1 1 ————		D2 2 ———— H 1 ————		Szene 17
	D1 2 ————	D2 3 ———— H 2 ————		Szene 19 (SWB 3)
A1 8 ———— D1 3 ————		D2 4 ———— H 3 ————		Szene 18
	D1 4 ———————————————————	H 4 ————		Szene 20/21 (SWB 4)
		H 5 ————		BSP 1

Ob D1 und D2 Fragmente eines einzigen Textes sind, ist nicht ganz klar. Wir hätten es also mit mindestens 2, vielleicht sogar 3 Texten zu tun, die exakt die gleiche Abfolge an Vorschlägen aufweisen. Diese Texte könnten als direkte Vorlage zur Umsetzung auf die Reliefs oder auf zusätzliche Platten gedient haben. Dass einzelne Texte nicht verwendet wurden, und andere variieren, könnte technisch bedingt sein: Der Platz für die ganze Beischrift fehlte oder wurde zu knapp geschätzt.

Die Tafeln mit den Beischriftenvorschlägen sind Teil des Arbeitsprozesses, der von den historischen Ereignissen zu den Reliefs und den darauf befindlichen Beischriften führte. Nur wenige Texte beziehen sich auf beide Reliefzyklen; ein einziger Vorschlag kann ausschliesslich in den Darstellungen des Nordpalastes wiedergefunden werden. Die Mehrheit der Vorschläge bezieht sich auf die Darstellungen im Südwestpalast.

Der Arbeitsprozess lässt sich folgendermassen rekonstruieren:

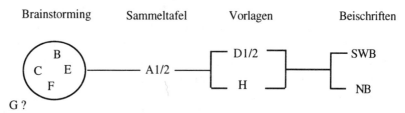

Die Frage, für welchen der beiden Zyklen die Vorschläge gemacht wurden, lässt sich nicht eindeutig klären. Da die meisten der Vorschläge auf den Zyklus von Raum XXXIII des Südwestpalastes bezogen werden können, ist anzunehmen, dass sie auch für diese Darstellung gedacht waren. Bei der erneuten Darstellung desselben Themas in Raum I des Nordpalastes griff man einfach nur auf diese zurück. Ein einziger Vorschlag, "die Weinspende" (A2 5 + A1 9), kann ausschliesslich einer Szene des Nordpalastes (Raum I, Szene 33) zuge-ordnet werden und verhindert somit die Zuweisung sämtlicher Vorschläge zur Darstellung in Raum XXXIII des Südwestpalastes. Allerdings ist der Zyklus in Raum XXXIII unvollständig erhalten - eine Darstellung der "Weinspende" könnte durchaus rechts von Platte 6 vorhanden gewesen sein.

3.0. Vergleich der Ulai-Zyklen mit der Tradition assyrischer Reliefs

Kompositorische Aspekte - wie die Unterteilung der Darstellungen, Interaktionen und Antiquaria, Bildelemente und die Bilderzählung - der Darstellungen zur Ulai-Schlacht sollen mit denen anderer Werke der assyrischen Reliefkunst verglichen werden. Dadurch lässt sich erkennen, was in assyrischer Tradition steht und was als Neuerung betrachtet werden muss.

3.1. Unterteilung der Darstellungen

Register
In beiden Zyklen sind die Reliefplatten in zwei Register eingeteilt. Diese Unterteilung ist uns seit Assurnasirpal II. bekannt und wurde von all seinen Nachfolgern vorgenommen. Nur Sanherib verzichtet oft auf die Einteilung und nutzt die volle Höhe der Platten. In seinem Nordpalast erweitert Assurbanipal die Möglichkeiten: Dort finden wir Reliefzyklen, die keine Register haben, solche mit einer Zweiteilung und sogar solche mit einer Dreiteilung.[144]

Standlinien
Unter Sanherib werden Bilder manchmal durch Standlinien gegliedert, auf denen sich die Figuren bewegen.[145] Mehrere Standlinien verlaufen durchgehend durch das ganze Register oder hören alle bündig auf, wenn eine Darstellung folgt, die sich über mehrere Standlinien zieht oder das ganze Register einnimmt. Dasselbe finden wir bei der Ulai-Schlacht des Nordpalastes (Szenen 33 und 34).
Bei der Ulai-Schlacht des Südwestpalastes gibt es die Bildfelder mit dem Hügel und dem Fluss (Szenen 7 bis 11, Register II), mit dem königlichen Wagen (Register III, Szene 60), mit der assyrischen Truppe hinter Ummanigaš (Register IV, Szene 62) und der Stadt Madaktu (Register IV, Szene 66). Das Besondere an Register II, der Schlacht, ist die allmähliche, nicht bündige Auflösung der Standlinien.[146] Solch ein gleitender Übergang ist aus den assyrischen Reliefs sonst nicht bekannt.

---

[144] Russell 1991: 129; Reade 1979a: 62 f.; Nagel 1967: 18 f.
[145] Russell 1991: 203.
[146] Dazu: Nagel 1967: 20.

3.2. INTERAKTIONEN UND ANTIQUARIA

Interaktionen der Figuren

Das Kriterium der Interaktionen zwischen den Figuren hilft zwar bei der Unterscheidung von Sanherib und Assurbanipal-Reliefs[147], doch ist die Interaktion an sich kein Novum der Kunst Assurbanipals. Die Verknüpfung von Einzelpersonen durch Blicke, gewendete Köpfe und Überschneidungen sind bereits unter Assurnasirpal II. zu finden.[148] Sie werden unter Assurbanipal lediglich zu einem vielgenutzten Stilmittel.

Antiquaria

Es sind verschiedentlich antiquarische Kriterien festgelegt worden, um im Südwestpalast zu Ninive die Darstellungen Assurbanipals von denjenigen des Sanherib unterscheiden zu können.[149] Einige der Kriterien, die eher für die Reliefs Sanheribs typisch sind, finden sich vereinzelt im Ulai-Zyklus von Raum XXXIII des Südwestpalastes. Auf allen anderen Reliefs Assurbanipals, sowohl im SW-Palast, als auch im Nordpalast, sind die Antiquaria homogen im Stile Assurbanipals. Die vereinzelten Rückgriffe auf den sanheribschen Stil auf dem Zyklus in Raum XXXIII rücken ihn chronologisch zwischen die Reliefs Sanheribs und sämtliche andere Reliefs Assurbanipals. Somit wären dies die frühesten unter Assurbanipal entstandenen Reliefs.[150]

---

[147] Russell 1991: 129-134; Nagel 1967: 22 f.

[148] Russell 1991: 193; Meuszynski 1981: Tf. 2.

[149] Zuletzt bei Russell 1991: 119-135, wo auch Nagel 1967: 32-34 und Hrouda 1965:115-117 wiederaufgenommen werden.

[150] Unter Sanherib sind die Ohrenklappen des assyrischen Helms mit Scharnieren befestigt, während sie unter Assurbanipal fest montiert sind. Ein Helm mit Scharnieren lässt sich an verschiedenen Stellen im Südpalast nachweisen, so z. B. in den Szenen 13, 29 und 64. Andererseits ist die leicht konkav geschwungene Wandung des Helmes typisch für Assurbanipal. Vielleicht hat der Künstler noch in der alten Gewohnheit Scharniere geritzt, während der neue Helm bereits in Gebrauch war. Dazu: Russell 1991: 121; Nagel 1967: 33.
Einen weiteren Hinweis könnte in der Fussbekleidung der assyrischen Soldaten zu finden sein. Im Nordpalast Assurbanipals tragen die Assyrer Stiefel mit stufenförmigem Rand, während auf den Reliefs Sanheribs die Stiefel einen glatten Rand haben. Auf der Ulai-Schlacht im Südwestpalast tragen die Assyrer Stiefel mit glattem Rand. Die Darstellung schliesst somit zeitlich an Sanheribs an. Dazu: Russell 1991: 121; Nagel 1967: 33; Hrouda 1965: 116.
Gelegentlich ist in der Schlacht auch ein Assyrer mit langem, über die Taille reichendem Brustkoller zu sehen. Dieses Kleidungsstück ist typisch für die Assyrer auf den Reliefs des Sanherib, während unter Assurbanipal der Brustkoller bei der Taille endet. Dazu: Russell 1991: 121; Nagel 1967: 32.
Praktisch alle Pferde auf der Ulai-Schlacht des Südwestpalastes werden mit einem rechteckigen Maul dargestellt, was ein typisches Merkmal für die Pferde auf den Reliefs Sanheribs ist. Aber die Pferde am königlichen Wagen sind bereits mit zangenartigem Maul dargestellt, wie es sonst bei Assurbanipal üblich ist. Dazu: Russell 1991: 128; Nagel 1967: 33.

3.3. BILDELEMENTE

Schlachtgetümmel
Auf den assyrischen Reliefs spielen sich die Kampfhandlungen normalerweise
in einem durch Standlinien oder Register gesetzten, friesartigen Rahmen ab.
Die Ulai-Schlacht des Nordpalastes steht ebenfalls in dieser Tradition und weist
diese friesartige Einteilung auf. Anders verhält es sich mit der Darstellung im
Südwestpalast: Bei Szene 16, dem umgestürzten Wagen Teummans, und Szene 24, wo der Assyrer mit dem geschulterten Bogen den Kopf Teummans trägt,
lösen sich die sonst auf Standlinien verlaufenden Kampfhandlungen in wildes
Schlachtgetümmel auf.

Feinde, die in den Fluss getrieben werden
In der Darstellung des Südwestpalastes wird das elamische Heer von den her-
anstürmenden Assyrern in den Fluss getrieben. Unter Assurnasirpal II. findet
sich eine Darstellung, auf der Gegner, die sich schwimmend zu retten versuchen, vom Ufer aus beschossen werden[151], doch das Motiv der in den Fluss
fliehenden Feinde wird kaum aus dieser Darstellung entstanden sein. Ansonsten ist nichts Vergleichbares aus den assyrischen Reliefs bekannt. Es scheint
sich dabei um ein neues Motiv zu halten.

Fluss mit Leichen, Pferden und Gerätschaften
Auf den Reliefs Sargons II. finden sich Friese mit toten Feinden.[152] In Raum
LXX des Südwestpalastes[153] wird nur ein einziger Toter im Wasser treibend
dargestellt. Vielleicht entstand das Motiv vom Fluss mit den Leichen und dem
Treibgut durch eine Kombination der "Leichenfriese" mit dem Toten im Wasser, doch scheint mir der Schritt zu dem, was wir in der Darstellung des Südwestpalastes haben, ziemlich gross. Bei der Darstellung im Südwestpalast ist die
Fülle des im Fluss Treibenden und Schwimmenden etwas Neues: Abgesehen
von den früher schon dargestellten Fischen finden sich tote Feinde, Waffen,
Wagen und Pferde. Diese Fülle wurde im Nordpalast bereits wieder zurückge-
nommen: Auf der Darstellung in Raum I fehlen Pferde im Fluss, und auch
sonst wurde der Fluss eher spärlich ausgefüllt.[154]

Schlachtreihen
Dass Schlachtreihen dargestellt worden sind oder wenigstens geplant waren,
geht aus den Beischriftenvorschlägen A1 4, A1 21, A1 22 und E 1 hervor. Eine

---

[151] Meuszynski 1981: Tf. 1.
[152] Albenda 1986: Pl. 119, 120, 121, 123.
[153] Paterson 1915: Pl. 93.
[154] Ein weiterer Fluss mit Leichen findet sich in Raum F des Nordpalastes (Barnett 1976: XVII).

Darstellung assyrischer oder nicht-assyrischer Schlachtreihen ist uns weder aus den Darstellungen Assurbanipals noch aus denen seiner Vorläufer bekannt. Wir hätten es also hier mit einer, zumindest geplanten, Neuerung zu tun.

Sich überkreuzende Pferde
Die Panik der vier Wagenpferde Teummans nach dem Sturz des königlichen Wagens wird durch ein sich Kreuzen von zwei Pferdepaaren dargestellt. Die Laufrichtung der Paare ist genau entgegengesetzt. Zwei weitere sich überkreuzende Pferde schwimmen im Fluss von Register IV (Szene 74). Unter Assurnasirpal II. finden wir ein zurückblickendes und ein fallendes Wagenpferd, doch galoppieren beide in dieselbe Richtung.[155] Sich überkreuzende Pferde sind auf assyrischen Reliefs sonst nicht bekannt. Das Motiv ist somit ebenfalls als neu zu betrachten.

Ordnung und Chaos
Diese beiden Gegensätze sind im Ulai-Zyklus des Südwestpalastes gleich zweimal realisiert. Das Chaos wird dabei in beiden Fällen durch das Schlachtgetümmel dargestellt. Nach dem Chaos des Schlachtgetümmels ist in Register IV die Einsetzung des Ummanigaš als Ordnung, d.h. durch die klare Einteilung des Registers, dargestellt.[156] Aber auch innerhalb des Registers mit der Schlacht sind die beiden Gegensätze realisiert. Mit den Szenen, die den Sturz Teummans und seines Sohnes mit ihrem Wagen (Szene 17) und deren Flucht (Szene 18) zeigen, wird die Gliederung des Registers durch Standlinien erstmals durchbrochen. Die Szenen, in denen die beiden Flüchtenden von den Assyrern gestellt (Szene 19) und überwältigt (Szene 20) werden, bilden gleichsam eine eigene Insel der Ordnung im Chaos, denn die Szenen spielen auf einer eigenen Standlinie, die zu keiner der langen, einteilenden Standlinien in Verbindung steht. Innerhalb des Getümmels werden die beiden enthauptet (Szene 21), und ihre Insignien von einem Assyrer aufgehoben (Szene 23). Nach der Enthauptung Teummans schreitet der Assyrer mit dem geschulterten Bogen, den Kopf Teummans in der Hand, wieder in Richtung der durch zwei Leichen verlängerten, ordnenden fünften Standlinie (Szene 24). Erst mit dem Tod Teummans, also der Beseitigung des Feindes, wird aus dem Chaos wieder Ordnung. Eine solche in ein einziges Bild gefasste Darstellung der assyrischen Ordnung im Gegensatz zum durch den Feind verursachten Chaos, ist innerhalb der assyrischen Tradition einmalig.

---

[155] Meuszynski 1981: Tf. 2; Budge 1914: Pl. XVII.
[156] Nagel 1967: 27; Barnett-Forman o. J.: 23.; Matthiae 1996b: 177.

Beischriften

Folgende Typen von Beischriften lassen sich auf den Reliefs zur Ulai-Schlacht unterscheiden[157]:

1. Label (SWB 8, NB 2)

   Labels, normalerweise aus einem einzigen Ortsnamen bestehend, werden seit Tiglatpilesar III. immer wieder benutzt.[158] SWB 8 und NB 2 sind solche Labels und stehen ganz in der assyrischen Tradition. Eine inhaltliche Erweiterung der Labels unter Assurbanipal lässt sich auf den Tafeln mit den Beischriftenvorschlägen feststellen. Hier finden sich nämlich Vorschläge für Labels zu Personengruppen wie z. B. "Schlachtreihe von x"[159] oder zu einzelnen Personen "PN, Titel"[160]. Mit ihnen konnten Personen im Bild hervorgehoben und identifiziert werden. Diese inhaltliche Erweiterung lässt sich durchaus als Neuerung betrachten.[161]

2. "anāku"-Beischriften (SWB 7)

   Unter Sanherib begannen diese Beischriften mit seinem Namen. Assurbanipal änderte sie etwas ab und liess sie mit "a-na-ku ¹AN-ŠAR-DU₃-A ....", also mit "Ich (bin) Assurbanipal ..." anfangen. Gerardi unterscheidet zwei Gruppen, nämlich die "anāku"-Beischriften, die nur beschreiben, was dargestellt ist, und diejenigen, die noch zusätzlich Informationen beinhalten, die nicht auf dem Relief dargestellt sind.[162] SWB 7 gehört zum zweiten Typ, da nicht nur die Szene beschrieben wird, sondern auch noch erklärt wird, weshalb die Urartäer anwesend sind. Beischrift SWB 7 steht in der assyrischen Tradition.

3. Erklärende Beischriften (SWB 6, NB 1)

   Hiermit sind Beischriften gemeint, die sich auf die ganze Darstellung, bei der sie stehen, beziehen. Sie finden sich erstmals bei Salmanasser III.[163] Bei der Darstellung der Ulai-Schlacht gehört Beischrift SWB 6 zu diesem Typ: sie bezieht sich auf das ganze Register mit der Einführung des Ummanigaš. Beischrift NB 1 des Nordpalastes ("Ituni") gehört ebenfalls zu den erklä-

---

[157] Zur Typologisierung der Beischriften s. Gerardi 1988.

[158] Vgl. Tadmor 1994:210-211.

[159] Z. B. Vorschläge TD A1 4, A1 21, A1 22, E 1 oder ŠT A 5,

[160] Z. B. Vorschläge ŠT B 4 bis B 8, D1 5, D1 6, E 2, E 3, G 8 bis G 11

[161] Unter Sargon II. gibt es Beischriften, die mit einem Personennamen beginnen, die aber den beschreibenden Beischriften zuzurechnen sind, da sie zum Personennamen noch schildern, was mit den Personen geschieht (s. Fuchs 1994:278, 364). Vielleicht sind die Personenlabels unter Assurbanipal eine Verkürzung derer unter Sargon II. Beischriften, die nur aus einem Personennamen und Titel bestehen sind uns auf altbabylonischen Sammeltafeln erhalten (z.B. RIME 2: 12, 23 ff.).

[162] Gerardi 1988: 5 ff.

[163] S. z. B. RIMA 3:138 ff.; Michel 1967-1968: 34-37; Michel 1954-1959: 137-144.

renden Beischriften: Die Szene ist - soweit erhalten - rahmenartig von Leichen umgeben und bildet daher eine klar für sich stehende Einheit.[164]

4. Detail-Beischriften (SWB 1, SWB 2, SWB 3, SWB 4, SWB 5)[165]
Detail-Beischriften lenken den Blick auf Szenen innerhalb einer grösseren Darstellung. Der Nicht-Lesekundige wird auf Detailereignisse aufmerksam gemacht, während der Lesekundige zudem erfährt, was geschieht und wer die Protagonisten sind. So definiert wären SWB 1, SWB 2, SWB 3, SWB 4 und SWB 5 Detail-Beischriften.
Die Verwendung von Detail-Beischriften bleibt auf die Darstellung der Ulai-Schlacht des Südwestpalastes beschränkt.

3.4. BILDERZÄHLUNG

3.4.1. Historische Details

Die Episoden mit Urtaku (Szene 29) , Ituni (Szene 31), sowie die Übergabe der Köpfe (Szene 14) stellen Nebenereignisse dar, die nicht zum eigentlichen Erzählstrang gehören. Innerhalb der Bilder vermitteln sie Informationen, die die Darstellung der historischen Ereignisse ergänzen. Dass solche Episoden gezeigt und teilweise durch Detail-Beischriften noch besonders hervorgehoben werden, ist neu für die assyrische Reliefkunst.

3.4.2. Kinematographische Sequenzen ("strip-cartoon-effect")

Durch Wiederholung oder durch Veränderung der Umgebung und der Position einer Figur bedienten sich die assyrischen Künstler schon früh einer Art "kinematographischer" Darstellung, so dass Bewegungsabläufe oder verschiedene Zeitpunkte einer Handlung dargestellt werden konnten.[166] In den Darstellungen zur Ulai-Schlacht des SW-Palastes wird diese Darstellungsart wie folgt verwendet:

Register II
Teummans und Tammaritus Flucht und Tötung sind durch eine Abfolge mehrerer Szenen (17 bis 21, 23, 24, 13) dargestellt. Sie wird gleitend abgelöst durch

---

[164] Vgl. Nagel 1967: 30.
[165] Gerardi 1988: 17 weist bereits auf die Besonderheiten dieser Beischriftengruppe hin.
[166] Dazu: Reade 1979a: 53 ff. Frühester Beleg ist der Kultsockel Tukultininurtas I., wo das Niederknien des Königs durch das Nebeneinander eines stehenden und knienden Königs dargestellt ist. S. Jakob-Rost 1992: 161. Auf den Reliefs des Sanherib wird durch Wiederholung der Figur des Königs die Veränderung der Zeit und des Ortes angezeigt. S. Paterson 1915: Pl. 22-26; dazu: Reade 1979a: 94 f.; Russell 1991: 98 ff.; vgl. a. Czichon 1992: 60 ff.

die Szenenfolge mit dem Assyrer mit geschultertem Bogen, der den Betrachter vom Tod Teummans bis zum Wagen führt, mit dem der abgeschnittene Kopf nach Ninive transportiert werden soll (Szenen 19 bis 21, 23, 24, 16). Möglicherweise wird auch Itunis Tötung in zwei Phasen gezeigt: Erst durchschneidet er seinen Bogen, dann liegt er tot zwischen den Bäumen (Szenen 31 und 24).[167]

Register IV
Die Wiederholung der urartäischen Gesandten markiert die Veränderung von Ort und Zeit innerhalb des Registers. (Szenen 60, 52, 58, 55)
Dunanu erscheint zweimal: Bei der Ankunft in Arbela (oder Milqia) (Szene 51) und bei seiner Hinrichtung in Ninive (Szene 56). Auch hier wird durch Wiederholung der Figur die Veränderung von Zeit und Ort ausgedrückt. Mit Szene 56 sind ausserdem zwei Bewegungsphasen seiner Hinrichtung dargestellt, nämlich wie er auf den Rücken geworfen und wie er geschächtet wird.
Neu beim Zyklus des Südwestpalastes ist, dass die Wiederholungen von Figuren nicht nur einen kurzen Bewegungsablauf wiedergeben oder Etappen einer sonst linearen, kontinuierlichen Erzählung markieren, sondern dass mit der Wiederholung dem Betrachter die nicht ganz eindeutige Erzählrichtung aufgezeigt wird.

3.4.3. Erzählstruktur

Erzählstruktur von Nordpalast, Raum I
Im oberen Register von Raum I ist eine Art Prozession, wahrscheinlich im Zusammenhang mit den Feierlichkeiten in Arbela, dargestellt.
Im linken Bereich des unteren Registers ist die Schlacht am Ulai dargestellt, die auf einer Standlinie des rechten Bereiches weitergeführt wird, während in den darüberbefindlichen Standlinien die Einführung des Ummanigaš in Madaktu dargestellt ist. Szene 1 mit Ituni ist so deutlich von Leichen gerahmt, dass sie mit ziemlicher Sicherheit eine eigene Einheit bildet.[168]
Die Einheit von Ort und Zeit wird eingehalten. Die Erzählung verläuft innerhalb eines Registers von links nach rechts, wodurch wir es mit einer einzigen, klaren Richtung der Handlung zu tun haben. Eine solche narrative Struktur ist in den assyrischen Reliefs üblich.[169]

---

[167] S. Calmeyer 1988: 44.
[168] Nagel 1967: 30.
[169] Vgl. Russell 1991: 215-222.

Erzählstruktur von Südwestpalast, Raum XXXIII
Die Hauptleserichtung der einzelnen Register entspricht derjenigen des Nordpalastes, d. h. von links nach rechts. Allerdings ändert innerhalb zweier Register - bei der Schlacht (Register II) und bei den Hinrichtungen (Register III) - die Erzählrichtung.

Register I
Das Zerreiben der Knochen durch Nabûna'id und Bēlēṭir (Szene 4) hat in Ninive stattgefunden. Wenn die babylonischen Gefangenen (Szenen 3 und 6) als den Bestrafungen beiwohnend dargestellt sind, dann hätten wir es im oberen Register mit den Bestrafungen in Ninive zu tun; damit stehen Ort und Zeit fest. Man könnte in den Gefangenen auch die Gambuläer sehen, die unmittelbar nach der Eroberung von Šapībēl nach Ninive gebracht worden sind. Die Bestrafung des Nabûna'id und des Bēlēṭir hat aber zu einem späteren Zeitpunkt stattgefunden als der Einzug der gambuläischen Gefangenen. In diesem Falle hätten wir es mit einer Erzählung zu tun, deren zeitliche Abfolge von rechts nach links verläuft, während der Ort der gleiche bliebe. Doch ist das Register zu fragmentarisch, um eine sichere Aussage zu machen.

Register II
Im Hinblick auf die Schlacht könnte man auf den ersten Blick von einer Momentaufnahme eines Schlachtgetümmels sprechen. Die Assyrer greifen vom Hügel links her an und treiben die Elamer durch bewaldetes Gebiet nach rechts in den Fluss, der, jenseits der Tür wieder aufgenommen, direkt zur Einführung in Madaktu führt. Der grobe Erzählstrang verläuft von links nach rechts - doch diese Erzählrichtung wird unterbrochen:
Die Episoden mit Teumman (Szenen 17-21, 23, 24, 13) stellen verschiedene Zeitpunkte während der Schlacht dar. Teummans Wagen stürzt (Szene 17), er flieht mit seinem Sohn (Szene 18), sie werden von Assyrern umzingelt (Szene 19) und ermordet (Szene 20 und 21). Daraufhin sammelt der Assyrer mit dem geschulterten Bogen die Insignien der beiden vom Boden auf (Szene 23), spurt in die mittlere Standlinie ein (Szene 24) und taucht dann wieder in der obersten Standlinie, auf das Zelt mit den Köpfen zugehend, auf (Szene 16). Schliesslich wird der Kopf nach Assyrien transportiert (Szene 13). Der Handlungsablauf, der anfänglich noch der Hauptrichtung folgt, wendet sich mit der Ermordung Teummans in Gegenrichtung zum Geschehen der Schlacht.
Um die Schlacht näher zu beschreiben wurden weitere Episoden, die sich dabei ereignet haben, dargestellt (z. B. Ituni, Urtaku) ohne die sonst übliche klare Erzählrichtung. Sie sind fast dekorativ um das Hauptereignis, nämlich das Schicksal Teummans, gruppiert. Vielleicht wollte man die historische Einzigartigkeit des Ereignisses betonen, indem man (fast?) alle zugehörigen Episo-

den darstellte. Im Nordpalast wird eine ähnliche Vollständigkeit der Beschreibung eines Ereignisses durch das traditionelle Nacheinandersetzen einzelner Szenen erreicht, die dem linearen Ablauf des Registers folgen.[170]

Register III
Auch im Register mit den Hinrichtungen ist die Erzählrichtung nicht eindeutig. Nach Vorschlag E 8 finden sowohl die Episoden mit der urartäischen Gesandtschaft und deren Gegenüberstellung mit den elamischen Beamten (Szene 60), als auch die Bestrafung des Mannukīaḫḫē und des Nabûuṣalli (Szene 49) in Arbela und zur gleichen Zeit statt. Auch die Ankunft Dunanus in Arbela (oder Milqia), Teummans Kopf umgehängt, (Szene 51) findet zur selben Zeit statt. Dunanu erscheint auf der zweiten Standlinie und deutet dem Betrachter eine Leserichtung von links nach rechts an. Eine Standlinie weiter unten ist seine Hinrichtung in Ninive (Szene 56) dargestellt, allerdings weiter links als sein erstes Auftreten im Bild. Der Betrachter ist also gezwungen die Leserichtung zu ändern, um Dunanus Schicksal zu verfolgen. Wo und wann die Bespuckung Samgunus (Szene 57) stattgefunden hat, wissen wir nicht. In Register III haben wir es demzufolge mit zwei (evtl. drei) verschiedenen Orten und verschiedenen Zeitpunkten zu tun. Da nur Hinrichtungen dargestellt sind, kann man in der Darstellung eine thematische Ordnung sehen.[171] Neu ist auch hier, dass die Episoden nicht nacheinander erzählt werden, sondern dass sie zunächst ohne klare Abfolge einfach ins Bild gesetzt sind.

Register IV
Gezeigt wird die Einführung des Ummanigaš in Madaktu, genauer der Moment, in dem Ummanigaš, von assyrischen Soldaten begleitet, in Madaktu ankommt und als neuer Herrscher eingeführt wird. Der Ort (Madaktu) und die Zeit (der Augenblick der Einführung) sind somit eindeutig.
Die Besonderheit der Darstellungen in Register II und III von Raum XXXIII des Südwestpalastes liegt darin, dass Episoden innerhalb eines Registers nicht nacheinander, Szene für Szene als lineare Erzählung dargestellt, sondern ohne eindeutigen erzählerischen Strang ins Bildfeld gesetzt wurden. Weder die Einheit der Zeit noch die des Ortes wurde dabei berücksichtigt. Die Ereignisse der Schlacht oder der Hinrichtungen werden nicht, wie in Assyrien sonst üblich, als lineare Erzählung, sondern als Summe von Episoden dargestellt, denen erst nachträglich, durch Hilfsfiguren, eine narrative Reihenfolge gegeben wird.

---

[170]   Vgl. z. B. Barnett 1976: Pl. LVI-LIX (Kleine Löwenjagd)
[171]   Eine thematische Ordnung finden wir bereits unter Sargon II. In seinem Palast in Ḫorsabad sind Reliefzyklen innerhalb einzelner Bereiche des Gebäudes thematisch gruppiert. In einem Teil des Palastes sind die Feldzüge dargestellt, in einem anderen Teil die Bestrafungen der Gegner. S. Wäfler 1975: 309-310, Plan 4.

3.4.4. Lesehilfen auf dem Zyklus des Südwestpalastes

Die "Künstler", die das Relief geschaffen haben, scheinen sich bewusst gewe-
sen zu sein, dass ein Wechsel in der Leserichtung oder von Ort und Zeit dem
Betrachter Mühe bereiten könnte. Daher wurden ausser Detail-Beischriften auch
Figuren als "Lesehilfen" eingebaut.

Der Assyrer mit dem geschulterten Bogen (Register II)

In Register II, der Darstellung der Schlacht, taucht in Szene 20 - wir haben ihn
oben schon erwähnt - ein Assyrer mit geschultertem Bogen und nach hinten
abstehender Schwertscheide auf, der mit einer Keule den Sohn des Teumman
erschlägt. Daraufhin schneidet er ihm den Kopf ab (Szene 21) und hebt die
Kopfbedeckung Teummans und den Köcher des Sohnes vom Boden auf (Szene 23). In Szene 24 spurt er in die mittlere Standlinie ein. Indem er auf der
obersten Standlinie (Szene 16[172]) den Weg aller Köpfe, nämlich den zum assyrischen Feldlager beschreitet, hilft er dem Betrachter, den Wechsel der Standlinie und der Erzählrichtung nachzuvollziehen. Jenseits des Zeltes wird der
weitere Weg durch den losfahrenden Wagen angezeigt (Szene 13).

Die urartäischen Gesandten (Register III)

Einem Betrachter der Reliefs, der nicht über die Hintergründe der Darstellung
informiert ist, würden vermutlich Zeit- und Ortswechsel innerhalb von Register III entgehen, da die dazugehörigen Beischriften nur einen Ort, nämlich
Arbela, erwähnen. Auf den ersten Blick spricht nichts dagegen, dass alle dargestellten Handlungen gleichzeitig ablaufen. Es ist auch keine Anordnung der
Episoden feststellbar, die man als narrative Abfolge betrachten könnte. Um
den Betrachter beim Lesen und Verstehen der Darstellung zu unterstützen,
bediente man sich der "urartäischen Gesandten". Sie sind etwas kleiner dargestellt als die anderen Figuren in der Reihe. Der Grund ist wohl nicht in einer
möglichen Kleinwüchsigkeit zu suchen, sondern in ihrer Funktion als Blick-
fang im Bild: Dadurch dass sie kleiner sind, entsteht eine Lücke in der Reihe
von Personen, die das Auge auf sich zieht. Die Urartäer stehen nämlich immer
dort, wo es für den Betrachter des Reliefs etwas besonderes zu sehen gibt. In
Szene 60 stehen der bärtige und der bartlose Urartäer gemeinsam vor dem
König. In Szenen 52 und 58 stehen sie jeweils alleine - begleitet von assyrischen Beamten. In Szene 52 ist der bärtige Urartäer Zeuge der Ankunft Dunanus
in Arbela (Szenen 50 und 51) und der Häutung (Szene 49). Der bartlose Urartäer
aus Szene 58 wohnt der Bespuckung Samgunus bei.[173] In Szene 55 stehen wie-

---

[172] Vgl. Photo bei Paterson 1915: Pl. 63.
[173] Vielleicht sind die beiden Urartäer als feste Gruppe zu betrachten. Dann markieren sie durch

derum beide zusammen und beobachten den Tod Dunanus - hinter ihnen stehen in Szene 54 zwei Pferde, die den Wechsel des Schauplatzes von Arbela nach Ninive andeuten.

Da die Erzählung innerhalb des Registers nicht linear verläuft, d. h. die Episoden nicht nacheinander erzählt, sondern die Bestrafungen ohne klare narrative Reihenfolge im Register dargestellt sind, wird die urartäische Delegation als kompositorischer Trick eingesetzt, um auf die unterschiedlichen Orte und Zeiten der Darstellung hinzuweisen.

Verweise

In den Annalen sind die Ereignisse um Teumman und Dunanu im selben *girru* abgehandelt - dadurch wird ein historischer Zusammenhang zwischen der Schlacht, der Einführung, den Hinrichtungen und der urartäischen Gesandtschaft aufgezeigt.[174] In Raum XXXIII des Südwestpalastes haben wir es aber zunächst einmal mit vier einzelnen Bildern zu tun. Da auf ein eindeutiges Nacheinander der Bilder verzichtet wurde, gibt es keine physische Verbindung unter ihnen ausser der Tatsache, dass sie an derselben Seite des Raumes angebracht sind.[175] Um die Verbindung wieder herzustellen, wurden Elemente eingesetzt, die auf den Zusammenhang der einzelnen Bilder hinweisen.

In Register IV - der Einführung - ist der mit Leichen und Geräten gefüllte Fluss ein solcher Verweis: Er schafft den Bezug zur Schlacht, in der die Feinde in den Fluss getrieben werden (Register II).[176]

In Register III - den Hinrichtungen - werden den urartäischen Gesandten die elamischen Vornehmsten gegenübergestellt, in den Händen die Tafeln mit den frechen Botschaften, den Provokationen, die zur Schlacht geführt haben. Somit wäre wieder ein Bezug zur Darstellung der Schlacht geschaffen, wie überhaupt zum Anfang der Geschichte um Teumman.

Die Darstellung kausaler Zusammenhänge

In Raum XXXIII des SW-Palastes zu Ninive wurde unter Assurbanipal etwas für assyrische Darstellungen vollkommen Neues versucht: Innerhalb eines Raumes bzw. auf einer einzigen Wand sollten historisch und kausal zusammenhängende Ereignisse dargestellt werden. In den Annalen Assurbanipals hatte bereits eine ähnliche Entwicklung stattgefunden: Mit kurzen zusammenfassenden Passagen wird auf Ereignisse, die anderswo im Text ausführlicher

---

ihr über- bzw. nebeneinanderstehen, dass Szenen 52 und 58 gleichzeitig und evtl. am selben Ort stattfinden.

[174] Vgl. Borger 1996: 224-228; Gerardi 1987: 155.

[175] Register I und II sind von den Darstellungen in Register III und IV durch den Durchgang getrennt.

[176] Villard 1988: 426.

erzählt sind, verwiesen. Mit einleitenden Wendungen wurden komplexe historische Vorgänge räumlich wie zeitlich strukturiert.[177] Mehrere zeitliche und
räumliche Ebenen konnten so zu einem Geflecht zusammenhängender Ereignisse verarbeitet werden.

Während unter den Vorgängern Assurbanipals die Darstellungen innerhalb eines Raumes zeitlich und örtlich einheitlich blieben, verzichtet Assurbanipal
auf diese Einheit. Kausal zusammenhängende Ereignisse unterschiedlicher Orte
und Zeiten sind in Raum XXXIII des Südwestpalastes erstmals zusammen
dargestellt:[178] Der assyrische Sieg am Ulai ermöglichte die Einsetzung
Ummanigaš und zog die Bestrafung der babylonischen Verbündeten Elams
nach sich. Ebenso ist der Besuch der urartäischen Gesandtschaft als Folge der
geänderten politischen Verhältnisse in Elam zu deuten.[179] Die Beziehung der
Bilder (bzw. Register) untereinander wird durch Verweise (der Fluss mit den
Leichen bzw. die elamischen Gesandten) geschaffen, während die Lesehilfen
(der Assyrer mit dem Bogen bzw. die urartäischen Gesandten) die Ereignisse
zeitlich und räumlich strukturieren. Die Erzählung des Zyklus von Raum
XXXIII wurde also ähnlich den Annalen aufgebaut.[180] Alle anderen Darstellungen unter Assurbanipal haben eine einzige Erzählrichtung mit klaren Wechsel
von Ort und Zeit, also eine narrative Struktur, wie man sie in assyrischen Reliefs für gewöhnlich findet. Die Art wie man die Erzählung von Raum XXXIII
der Südwestpalastes aufgebaut hat, scheint tatsächlich in eine Sackgasse geführt zu haben.[181]

---

[177] Gerardi 1987: 233 ff.
[178] Wäfler 1975: 309-311.
[179] Wäfler 1975: 252 f.
[180] Bei der Darstellung der Schlacht am Ulai in Register II von Raum XXXIII des Südwest-
       palastes, bedienten sich die Assyrer im Prinzip einer Erzähltechnik, die gern in Kriminaler-
       zählungen verwendet wird. Hält man sich nämlich an die Haupterzählrichtung und beginnt
       die Betrachtung der Reliefs ganz links, so stösst man als erstes auf eine "Leiche" - in unse-
       rem Fall auf Teummans abgeschnittenen Kopf, der per Wagen gerade nach Ninive transpor-
       tiert werden soll. Unterstrichen wird dieser erste wichtige Punkt der uns erhaltenen Erzäh-
       lung mit einer Beischrift, die den Betrachter auf die Szene aufmerksam macht. Die Fortset-
       zung des "Krimis", die Frage nach den Tätern und wie es zum "Mord" kam, wird mit der
       nächsten Beischrift eingeleitet. Sie weist auf den Augenblick der Erzählung hin, in dem
       Teummans Chancen davonzukommen eindeutig zunichte gemacht sind - von assyrischen
       Soldaten umgeben, verzweifelt, sein Ende absehbar. Darauf folgt die Szenensequenz, die
       den Betrachter zurück zum Anfang des Zyklus führt - zum Anfang der Erzählung, aber zum
       Ende der Geschichte. Vgl. Eagleton 1992: 85.
[181] Vgl. Nagel 1967:29.

3.5. Die Reliefs Assurbanipals im Südwestpalast: Übungsstücke?

Weshalb Assurbanipal überhaupt Reliefs im Südwestpalast anbringen liess, wurde unterschiedlich erklärt. Nagel schlug vor, dass er den Südwestpalast, den er als Residenz bezogen hatte, dekorieren liess, weil der Bau des Nordpalastes lange dauerte, und er das Bedürfnis hatte, auch seine Interimsresidenz mit seinen Taten zu schmücken.[182]

Barnett hatte eine andere Theorie: Nach vollendeter Rache an den Mördern Sanheribs habe Assurbanipal den Ulai-Zyklus im Südwestpalast "für dessen Schatten" aufstellen lassen, also wohl zur Beruhigung des Totengeistes seines Grossvaters.[183] Gegen diese Erklärung kann man allerdings einwenden, dass Assurbanipal im Südwestpalast einzelne Reliefs seines Grossvaters entfernen liess, um seine eigenen Taten darstellen zu lassen.[184] Der pietätvollen Tat in Raum XXXIII stünde somit die respektlose Zerstörung des Andenkens eben derjenigen Person entgegen, die man mit der Aufstellung des Zyklus hätte ehren wollen.

Wahrscheinlich haben wir es bei den Reliefs Assurbanipals im Südwestpalast mit Versuchen oder Studien zu tun. Dass die assyrischen Bildhauer Steinplatten im Südwestpalast zu Lehr- oder Probierzwecken benutzten, kann auch andernorts gezeigt werden: Ein Fragment, das ursprünglich ein Schilfdickicht zeigte, wurde abgearbeitet, um Platz für einen fallenden Reiter und einen ihn verfolgenden Assyrer zu schaffen.[185] Vermutlich hat sich hier ein Bildhauer an der Darstellung eines fallenden Reiters auf einem alten, sanheribzeitlichen Relief versucht.[186]

---

[182] Nagel 1967: 9.

[183] Barnett-Lorenzini 1975: 34.

[184] In Raum XXII bemerkte Layard, dass die Rückseiten einiger Platten abgearbeitete Reliefs tragen, also sekundär verwendet worden sind. Die abgearbeiteten Reliefs würden sich nach seinen Aussagen in die übrige Kunst des Palastes gliedern, müssten also als Sanherib-zeitlich datiert werden. Anders deren Vorderseiten, die nach unseren Kriterien Assurbanipal zugerechnet werden müssen. S. Layard 1853b: 230-231. Nagel 1967: 37-39.

[185] Während die Art der Darstellung des Schilfes für einen Datierung in die Zeit Sanheribs spricht, ist der Soldat mit dem Turmschild ein klares Kennzeichen für ein Relief aus der Zeit Assurbanipals. S. Nagel 1967: 36 f.; Curtis - Reade 1995: 68-69; Barnett-Lorenzini 1975: Tf. 73 (Photo); Paterson 1915: 96-97, 3.; Übungsstücke für das Meisseln von Keilschrifttexten fanden sich auf der Rückseite einiger Reliefplatten in Khorsabad (André-Salvini 1995: 24).

[186] Der Zyklus aus Raum XIX des Südwestpalastes (Paterson 1915: 40-45), der ebenfalls Assurbanipal zugewiesen werden kann, zeigt in zwei Registern je eine Aktion gegen babylonische Städte. Im unteren Register verläuft die Erzählung von links nach rechts, im oberen von rechts nach links. Ein ähnlicher Zyklus findet sich in Raum F des Nordpalastes, in dem die Aktion im oberen Register gegen die Stadt Ḫamanu gerichtet ist (Barnett 1976: Pl. B). Vielleicht haben wir es im Südwestpalast mit einer Vorstudie zu diesem Zyklus zu tun.

Mit der Darstellung in Raum XXXIII, dem frühesten unter Assurbanipal entstandenen Reliefzyklus, wurden neue Ideen - neue Bildelemente und eine neue narrative Struktur - erstmals in einem Bild bzw. Relief umgesetzt. Um die Begutachtung durch den König oder andere Verantwortliche zu erleichtern, wurden das neue Darstellungsprinzip im ohnehin als Zwischenresidenz bewohnten Südwestpalast angebracht. Da die Steinplatten bereits an den Wänden standen, konnte hier ohne weiteren Aufwand Raum XXXIII mit der Schlacht am Ulai dekoriert werden, um die Wirkung des neuen Konzeptes im Bild zu testen.

Dass der König aus Vorschlägen eine Wahl traf, haben die Tafeln mit den Beischriftenvorschlägen gezeigt.[187] Die "Regieanweisungen" zur Darstellung ("gleichzeitig dargestellt", "in der unteren Reihe") unterstreichen den experimentellen Charakter: Das Aussehen des Bildes scheint zum Zeitpunkt des Vorlesens noch nicht festgestanden zu haben. Das Fehlen konkreter Angaben - im Gegensatz zum ŠT-Zyklus (s. Kapitel 6) - welchen Wänden die Vorschläge zugedacht waren, kann ebenfalls in diese Richtung gedeutet werden: Man war sich noch nicht im Klaren darüber, ob und in welchem Räumen des Nordpalastes die Darstellung angebracht werden sollte. Mit der Darstellung in Raum XXXIII des Südwestpalastes wurde das Experiment durchgeführt.[188] Ein Zyklus entstand, der kausal zusammenhängende, historische Details und Ereignisse zeigte und verband. Allerdings bewegte sich die Erzählung innerhalb eines Bildes auf zu vielen räumlichen und zeitlichen Ebenen - für den Betrachter assyrischer Reliefs dermassen ungewohnt, dass diese Darstellungsweise auf keine Akzeptanz stiess, also einmalig blieb. Es fehlte der klare erzählerische Faden, ohne den sich die Aussage der Darstellung dem Betrachter verschloss. Die Darstellung war zu komplex, um historische Information zu vermitteln.[189] Das Darstellungskonzept der Reliefs musste deshalb geändert werden. Im Südwestpalast wurden weitere Vorbereitungen und Versuche für Reliefzyklen gemacht (z. B. Raum XIX). Für den Nordpalast fand man schliesslich eine neue Lösung: Man erhöhte die Zahl der Register auf drei und konnte somit auf

---

[187] Tafel TD A1 Unterschrift.

[188] Bei einem Zyklus aus dem Palast Sargon II. in Ḫorsabad auf dem das Flössen von Baumstämmen gezeigt wird, könnte es sich ebenfalls um ein Experiment oder um eine Studie handeln: Die Nutzung der gesamten Plattenhöhe und das Thema der Darstellung, nämlich der Transport von Baumaterialien, findet sich eher unter Sanherib. Möglicherweise hat Sanherib sein neues Konzept der grossflächigen Wandnutzung im Palast Sargons II. ausprobiert. (S. Albenda 1983)

[189] Mehrphasige Bilderzählungen, also solche ohne klaren erzälerischen Faden sind eigentlich nur lesbar, wenn man den Handlungsablauf bereits kennt. Vgl. Schlingloff 1983: 199. Zur Funktion assyrischer Reliefs s. Lamprichs 1995: 317-318; Bachelot 1991b; Reade 1979c; Winter 1981:29 ff..

einer Wand mehr zusammenhängende Details darstellen - diesmal mit klarer, linearer Abfolge von Szene zu Szene.[190]

Neuerungen in den Ulai-Zyklen Assurbanipals - Zusammenfassung
Folgende Neuerungen liessen sich beim Ulai-Zyklus des Südwestpalastes feststellen:

1. Unterteilung
    Auflösung der Standlinien
2. Bildelemente
    Detail-Beischriften
    Gegensatzpaar Ordnung-Chaos
    Schlachtgetümmel
    Feinde, die in den Fluss getrieben werden
    Fluss mit Leichen, Pferden und Gerätschaften
    Schlachtreihen
    Sich überkreuzende Pferde
3. Bilderzählung
    Darstellung historischer Details
    Narrative Struktur: Nicht eindeutige Leserichtung, Aufhebung der Einheit von Ort und Zeit

Es bleibt nun zu klären, ob es sich um einen einmaligen Geniestreich eines assyrischen Künstlers handelt oder ob es in der altorientalischen Welt vergleichbare Schlachtendarstellungen gibt, die als Vorbild gedient haben könnten. Historische Schlachtendarstellungen sind uns nur noch aus Aegypten bekannt,[191] und obschon rund sechs Jahrhunderte früher entstanden, sollen sie im folgenden auf eine mögliche Vorbildfunktion hin untersucht werden.[192]

---

[190] Vgl. z. B. Barnett 1976: Pl.XLVI-LIII (Jagd), LVI-LIX (kleine Löwenjagd)
[191] Zur Reliefkunst des Neuen Reiches: Assmann 1975: 304-317.
[192] Vgl. Barnett - Forman o. J.: 23.

Wie in den vorangehenden Kapiteln festgestellt wurde, hat man zur Darstellung der Schlacht am Ulai im Südwestpalast neue Bildelemente und eine in der assyrischen Tradition einmalige Erzählstruktur angewendet. In diesem Kapitel soll die Möglichkeit nichtassyrischer Vorbilder dieser Innovationen erwogen werden. Dieses Vorhaben führt uns nach Ägypten, da sich dort die einzigen komplexeren Darstellungen von Kriegstaten und Feldzügen ausserhalb Assyriens befinden.[193]

Die frühesten Versuche, reale Schlachten bzw. Kämpfe darzustellen, finden sich in Gräbern der 5. bzw. 6. Dynastie[194] - danach erst wieder im Mittleren Reich[195]. Im Neuen Reich, unter Thutmosis IV., finden wir die früheste Darstellung des im Streitwagen stehenden und auf die fliehenden Feinde schiessenden Königs.[196] Sowohl diese als auch eine weitere Darstellung unter Tutanchamun[197] zeigen keine historischen Ereignisse, sondern den König in seiner Rolle als Abwehrer der Unordnung bzw. Erhalter der Ordnung.[198] Unter Haremhab und Sethos I. werden erstmals historische Feldzüge und geschlagene Schlachten im Relief dargestellt, später nur noch unter Ramses II. und Ramses III. Sequenzen von mehreren Bildern schildern die Ereignisse - angefangen bei der Beauftragung durch die Götter, über den Aufbruch zum Feldzug und den Kämpfen bis hin zur Rückkehr nach Ägypten und der Vorführung der Gefangenen vor den Göttern.[199] In der Schlacht verfolgt der König eine flie-

---

[193] Zu den Darstellungen in Ägypten s. Schoske 1982: 450 ff.; Assmann 1975.

[194] S. Petrie 1898: Pl. IV (Deshasheh); Quibell-Hayter 1927: Frontispiz (Saqqara); dazu: Gaballa 1976: 30-32.

[195] Arnold - Settgast 1965: Abb. 2 (Grab des Intef); Newberry 1893a: Pl. XIV, XVI, XLVII; Newberry 1893b: Pl. V, XV; dazu: Gaballa 1976: 38-40.

[196] Carter - Newberry 1904: 24-33, Pl. X, XII; dazu: Gaballa 1976: 48.

[197] Carter - Mace 1924: Tf. 42-43; dazu: Gaballa 1976: 90-91.

[198] Schneider 1996: 40-41; Hornung 1966.

[199] Haremhab: Gabal al-Silsileh: Wresz., Atlas II: Tf. 151-162; dazu Gaballa 1976: 90-91.
     Sethos I.:   Karnak: OIP 107: Pl. 2 ff. (Šasu-Feldzug), Pl. 9 ff. (Yenoam-Feldzug), Pl. 27 ff. (Libyer-Feldzug), Pl. 33 ff. (Hethiter-Feldzug).
     Ramses II.:   Wresz., Atlas II: Tf. 25a-c (Abydos), 56-56a (Karnak), 72-75 (Luxor); Blackman 1913: Pl. III-V, XIII-XIX bzw. Wresz., Atlas II: Tf. 168a (Derr).
     Ramses III.:   Medinet Habu: OIP 8: Pl. 9-11 (Nubienfeldzug); OIP 8: Pl. 19-20, 26, 26 (Feldzug gegen die Libyer) Den Abschluss der Darstellungen der Feldzüge gegen die Libyer (OIP 8: Pl. 13-18, 21-22) und gegen die Seevölker (OIP 8: Pl. 29-34, 36-42) bildet eine Darstellung der Vorführung der Gefangenen beider Feldzüge vor der Gottheit (OIP 8: Pl. 43); OIP 9: Pl. 88-93 (Syrienfeldzug); OIP 9: Pl.: 94-95, 98-99 (Feldzug gegen Amor); Karnak, Mut-Tempel: OIP 35: 114-120 (Zwei Feldzüge bzw. Gegner kombiniert); Amun-Tempel: OIP 35: 83. Dazu Gaballa 1976: 90-91.

hende Masse von Feinden[200] oder er ringt im Zweikampf einen Gegner nieder[201]. Mit den Schlachtendarstellungen der 19. und 20. Dynastie werden zwar meistens historische Ereignisse dargestellt, doch ist das Hauptanliegen, den König als Abwehrer der Feinde zu zeigen. Durch die Tracht des Gegners oder die Darstellung und Beschriftung des eroberten Ortes werden die Bilder aktualisiert - mehr historische Informationen enthalten sie selten.

Eine Ausnahme bilden die verschiedenen Versionen der Darstellung der Schlacht bei Qadeš Ramses' II. Während auch in diesem Fall - zumindest auf den ersten Blick - der König im Kampf über seine hethitischen Feinde dominiert, sind in die Bilder szenische Details integriert, die sie zur komplexesten ägyptischen Darstellung eines historischen Ereignisses machen - und zwar mit dem ungewöhnlichen Ziel, die eigenen ägyptischen Miltärs anzuklagen und die Hethiter - d. h. die Ausländer, die Feinde - als potentiellen Partner für den Frieden zu propagieren.[202]

In der folgenden Untersuchung bleibt die chronologische Entwicklung der Bildelemente bzw. Erzählstruktur der ägyptischen Reliefs unberücksichtigt, da die uns bekannten ägyptischen Kriegsdarstellungen zur Zeit Assurbanipals längst vollendet waren. Davon ausgehend, dass sie in neuassyrischer Zeit betrachtbar waren, können die Bildelemente, die bei der Schlacht am Ulai des SW-Palastes als für assyrische Reliefs neu festgestellt wurden, in den ägyptischen Schlachten- bzw. Feldzugsdarstellungen gesucht werden. Dies soll im folgenden geschehen.

4.1. UNTERTEILUNG DER DARSTELLUNGEN

Auflösung der Standlinien
In Register II des Ulai-Zyklus des SW-Palastes lösen sich die Standlinien gestaffelt auf um in ein grösseres Bild zu münden. Ein solcher Umgang mit Stand-

---

[200] Sethos I.:   OIP 107: Pl. 3, 5, 11, 23-24, 25A/B , 28, 34.
   Ramses II.:   Wresz., Atlas II: Taf. 54, 54a, 55, 55a, 56, 57, 57a, 58, 58a, 66-67, 71, 72, 77, 107-109; Gaballa1969: Pl. XVII (zu Fuss); Ricke et al. 1967: Pl.. 8, 12, 13; Qadeš-Schlachten: Desroches Noblecourt et al. 1971: Pl. IV; Wresz., Atlas II: Tf. 16 ff., 83 ff., 96 ff., 100 ff., 169 ff.; Derr: Blackman 1913: Pls. III-V, XIII-XIX bzw. Wresz., Atlas II: Pl.168a; Abu Simbel: Wresz., Atlas II: Taf. 183.
   Ramses III.:   Medinet Habu: OIP 8: Pl. 9, 18, 19-20, 32-34, 36-41; OIP 9: Pl. 67B, 68, 69-70, 72, 87-90, 94-95; OIP 35: Pl. 82A, 82C, 114, 116.
[201] Sethos I.:   OIP 107: Pl. 29-30; Ramses II.: Gaballa 1969: Pl. XVIII; Wresz. Atlas II: 168a; Abu Simbel: Wresz. Taf.182; Ramses III.: OIP 35: Pl. 82D.
[202] Für die Darstellungen s. Desroches Noblecourt et al. 1971: 3-39, Pl. IV; Wresz., Atlas II: Tf. 16 ff., 81 ff., 92 ff. 100 ff., 169 ff.; dazu: KRI II: 2-147, 927; RITA II: 2-26; Way 1984: 379-398; Assmann 1996: 278-301; Assmann 1983-1984: 207-216; Kuentz 1934.

linien findet sich nur auf einer der Darstellungen der Schlacht bei Qadeš im Ramesseum in Theben. Sie münden kurz vor dem Fluss in das Getümmel.[203] (s. Übersicht 4)

4.2. BILDELEMENTE

Detail-Beischriften
Um auf ein Detail des Gesamtbildes, sei es ein Ereignis oder eine Person, aufmerksam zu machen, das sonst übersehen oder nicht gebührend betrachtet werden könnte, werden auf den Darstellungen der Qadeš-Schlacht Detail-Beischriften verwendet. In der Masse der Kämpfenden, Fliehenden, Sterbenden oder Toten der Qadeš-Schlacht würde man z. B. ohne Detail-Beischriften keinen der gefallenen Hethiter als erwähnenswerte Person erkennen. Vielleicht würde man sogar die mitkämpfenden Königssöhne übersehen.[204] Die Erwähnung der gefallenen Hethiter erscheint allemal ungewöhnlich, doch kann sie im Rahmen der Friedensbemühungen Ramses II. erklärt werden: Dass aus der sonst namenlosen Masse von Feinden Individuen mit Namen hervorgehoben werden, könnte als Versuch der Annäherung und Öffnung gegenüber den Hethitern verstanden werden.[205] Sie sind nicht einfach eine Masse von zu erschlagenden Feinden, sondern Individuen, Personen mit Namen, die benannt und bekannt sind. Die Beischriften machen den Betrachter des Bildes, auch wenn er des Lesens unkundig ist, auf Details im Bild aufmerksam (s. Übersicht 4). Mit Detail-Beischriften hervorgehoben sind ausserdem auf einem Relief Ramses III. in Medinet Habu ein Libyerfürst[206] und in Luxor ein Königssohn[207].

Ordnung und Chaos im Bild
Der Gegensatz Ordnung - Chaos ist wichtiger Bestandteil der ägyptischen Königsideologie. In den Darstellungen steht normalerweise der König für das Prinzip der Ordnung im Kampf mit dem drohenden Chaos - dem Feind.[208] Während der Feind in der Schlacht in wildem Getümmel dargestellt ist, wird er als Gefangener in Standlinien geordnet und vor die Gottheit geführt. Unter

---

[203] Wresz., Atlas II: Tf. 96 ff.
[204] Desroches Noblecourt et al. 1971: Pl. IV; Wresz., Atlas II: Tf. 23 ff., 81 ff., 92 ff., 100 ff., 169 ff.; KRI II: 125-147, 927; RITA 18-26, 606
[205] Zu den Friedensbemühungen Ramses II. s. Way 1984: 379-398. Zur Wichtigkeit des Namens in Ägypten s. LÄ IV, 320-326.
[206] OIP 9: Pl. 72.
[207] OIP 35: Pl. 114.
[208] Schneider 1996: 40-41; Assmann 1990: 200 ff.; LÄ II: 146-148.

Sethos I. wird jedes der beiden Prinzipien - klar voneinander getrennt - mit einem eigenen Bild dargestellt, ebenso unter Ramses III.[209]
Mit Standlinien strukturiert sind auch die Register III und IV von Raum XXXIII des SW-Palastes - die Bestrafungen der gefangenen Feinde und die Einführung des neuen elamischen Herrschers durch den assyrischen General: Bilder, die zeigen, wie die assyrische Ordnung wiederhergestellt wird. Parallelen mit Ägypten lassen sich in der Darstellung der beiden Gegensätze durchaus feststellen: Dem Bild einer Schlacht mit einer chaotischen Anordnung der Feinde steht ein durch Standlinien geordnetes Bild der besiegten Feinde gegenüber.
Komplexer behandelt ist der Gegensatz Ordnung - Chaos bei den Darstellungen der Qadeš-Schlacht, da er hier in ein einziges Bild zusammengefasst wurde. Die ägyptischen Kampfreihen sind ordentlich in Reih und Glied gezeigt, während die angegriffenen Hethiter in wildes Durcheinander geraten. Bei der Darstellung des Lagers ist der Teil, in dem das Lagerleben gezeigt wird, durch ordentliche Reihen oder Standlinien strukturiert, während die einfallenden Hethiter als Chaos dargestellt sind.[210] Interessant ist bei den Darstellungen der Schlacht von Qadeš, dass dem Pharao der hethitische König inmitten seiner ordentlich aufgereihten Truppen gegenüber steht.[211] Betrachtet man diese Darstellungen im Rahmen der Friedenspolitik Ramses' II., so kann darin die Anerkennung des hethitischen Königs als andere, ordnende Macht gesehen werden.[212] Die beiden Prinzipien Ordnung und Chaos in einem Bild verwoben, finden wir in Ägypten nur bei den Darstellungen der Qadeš-Schlacht.
In Assyrien hat man Gleiches im Ulai-Zyklus des SW-Palastes versucht. In Register II - der Schlacht - wurde im Bereich, wo der Feind Teumman noch aktiv d. h. lebendig war, auf die ordnende Unterteilung durch Standlinien verzichtet. Erst nachdem er besiegt ist und sein Kopf zum assyrischen Zelt gebracht wird, spurt die Erzählung wieder in Standlinien ein.

Schlachtgetümmel
Das Getümmel der Schlacht - in Register II des Ulai-Zyklus des SW-Palastes dargestellt - könnte von irgendeiner ägyptischen Schlachtendarstellung des Neuen Reiches inspiriert worden sein, da es einen festen Bestandteil dieser Darstellungen bildet. (s. Übersicht 4)

---

[209] In Medinet Habu beim Seevölker-Zyklus führt ein Streifen mit Gefangen von der Schlacht über mehrere Bilder vor die Gottheit. Diese Standlinien bilden aber einen eigenen Bereich und beeinträchtigen die klare Abgrenzung der einzelnen Bilder keineswegs (OIP 8: Pl. 36-43). In Karnak sind zwei Bilder miteinander verzahnt, doch sind sie durch unterschiedliche Handlungsrichtungen klar getrennt (s. OIP 35: Pl. 82 A/B).

[210] Desroches Noblecourt et al. 1971: Pl. IV; Wresz., Atlas II: Tf. 21a, 81 ff., 92 ff.,169 ff.

[211] Desroches Noblecourt et al. 1971: Pl. IV; Wresz., Atlas II: Tf. 21a, 83 ff., 96 ff., 100 ff., 169 ff.

[212] Vgl. Way 1984; 369-398.

Feinde, die in den Fluss getrieben werden

In Register II des Ulai-Zyklus im SW-Palast werden die Elamer von den angreifenden Assyrern in den Fluss getrieben (Szenen 12 und 44). In Ägypten lässt sich dieses Bildelement nur bei den Darstellungen der Qadeš-Schlacht Ramses' II. feststellen: Hethiter werden in den Fluss getrieben, während einige versuchen, sich mit dem Wagen oder zu Fuss auf die andere Seite des Flusses zu retten.[213] (s. Übersicht 4)

Qadeš (Ramesseum)   Ulai (SW-Palast)

Fluss mit Leichen, Pferden und Gerätschaften

Auch dieses Bildelement lässt sich nur unter Ramses II. und nur auf den Darstellungen der Qadeš-Schlacht feststellen. Am besten erhalten ist uns das Mo-

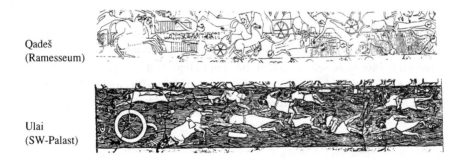

Qadeš
(Ramesseum)

Ulai
(SW-Palast)

[213] Desroches Noblecourt et al. 1971: Pl. IV; Wresz., Atlas II: Tf. 21a, 83 ff., 96 ff., 100 ff., 169 ff. (Abgebildetes Detail von Tf. 101).

tiv in einer Darstellung des Ramesseums mit einem breiten Flussstreifen unter Pharao und Getümmel, doch ist es auch auf den anderen Darstellungen im Ramesseum (s. Übersicht 4), Luxor, Abydos und Abu Simbel zu finden.[214] Das Bildelement findet sich in Register IV des Ulai-Zyklus im SW-Palast (Szene 74).

Schlachtreihen
Ägyptische Schlachtreihen finden wir auf sämtlichen Darstellungen der Qadeš-Schlacht, ausserdem noch die Schlachtreihen des hethitischen Gegners (s. Übersicht 4).[215] Auf einigen Reliefs in Medinet Habu liess Ramses III. ebenfalls ägyptische Schlachtreihen darstellen.[216] Unter Assurbanipal findet sich zwar keine solche Darstellung, doch die Beischriftenvorschläge sowohl zum TD-Zyklus als auch zum ŠT-Zyklus zeigen, dass die Darstellung von Schlacht-reihen - assyrischen wie gegnerischen - zumindest geplant war.[217]

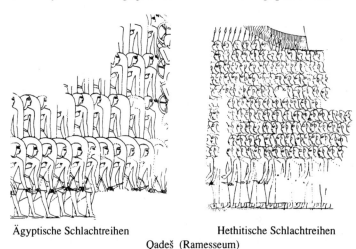

Ägyptische Schlachtreihen   Hethitische Schlachtreihen
Qadeš (Ramesseum)

Sich überkreuzende Pferde
In ägyptischen Schlachtendarstellungen, inmitten des Getümmels laufender, fallender und liegender Menschen und Tiere, sind immer wieder sich über-kreuzende Pferde zu sehen. In den meisten Fällen ist die ursprüngliche Lauf-richtung noch erkennbar, da ihre Leiber selten mehr als 90 Grad von der Lauf-richtung abgedreht sind. Pferde, die ähnlich den beiden Wagenpferden

---

[214]   Desroches Noblecourt et al. 1971: Pl. IV; Wresz., Atlas II: Tf. 21-21a, 83 ff., 96 ff., 100 ff., 169 ff. (Abgebildetes Detail von Tf. 101).

[215]   Desroches Noblecourt et al. 1971: Pl. IV; Wresz., Atlas II: Tf. 17, 20-23, 83 ff., 96 ff., 100 ff., 169 ff. (Details von Tf. 92a bzw. 101).

[216]   OIP 8: Pl. 17, Pl. 30-31.

[217]   Vorschläge TD A1 4, A1 21, A1 22, E 1 bzw. ŠT C 3, G 6.

Teummans (Szene 17) mit entgegengesetzter Laufrichtung gegeneinander hochspringen und sich dabei überkreuzen, finden wir nur auf dem Qadeš-Zyklus Ramses' II. und zwar in Luxor, Abydos und im Ramesseum.[218]

Qadeš   (Ramesseum)   Ulai-Schlacht (SW-Palast)

4.3. BILDERZÄHLUNG

Historische Details

Normalerweise zeigt ein ägyptischer Zyklus pro Bild eine Etappe eines Feldzuges (z. B. Aufmarsch, Schlacht, Vorführung der Gefangenen). Details innerhalb eines Bildes, die zusätzliche historische bzw. erzählerische Aussagen machen, sind bei den Darstellungen Ramses' II. zu finden: Auf den Reliefs in Derr wird gezeigt, wie verwundete Nubier in ihr Dorf getragen werden und eine nubische Frau verzweifelt, nachdem ihr die Niederlage mitgeteilt wurde.[219] Solche Details schmücken die Erzählung und unterstützen die Abschreckung des Gegners, tragen aber nicht zur Aktualisierung der Darstellung bei: sie zeigen keine ereignisspezifischen Handlungen oder Personen. Sie liefern keine zusätzlichen Informationen, die die historische Einzigartigkeit des dargestellten Ereignisses unterstreichen. Details, die das dargestellte Ereignis näher beschreiben, finden sich in den Bildern zur Qadeš-Schlacht Ramses II.: Ein ägyptischer Wesir fährt den eigenen Truppen entgegen, um sie zur Eile anzuhalten; der Fürst von Aleppo ertrinkt beinahe bei seiner Flucht durch den Fluss und muss von seinen Truppen vom Wasser entleert werden. Viele Personen, die an er Schlacht teilnahmen, werden durch Beischriften mit Namen bezeich-

---

[218] Wresz., Atlas II: Tf. 81 ff. (Lagerszene auf der obersten Standlinie unmittelbar über dem Pharao) , 96 ff. (Im Fluss auf Höhe der untersten der fünf Standlinien), 100 ff. (Im Fluss links über der obersten hethitischen Schlachtreihe) (Abgebildetes Detail von Tf. 101).
[219] Blackman 1913: Pl. 18 und Wresz., Atlas II: Tf. 168a.

net, so z. B. die mitkämpfenden ägyptischen Königssöhne, aber auch gefallene Hethiter. Dadurch erscheint das historische Ereignis bis ins kleinste Detail dargestellt (s. Übersicht 4).[220]

Nur noch eine einziges Mal noch wird ein historisches Detail innerhalb eines Bildes geliefert: Auf einem Relief Ramses' III. in Medinet Habu ist einem libyschen Fürsten der Name beigeschrieben.[221]

Auf der Darstellung der Ulai-Schlacht im SW-Palast sind ebenfalls historische Details dargestellt (z.B. mit Szenen 29 oder 31), die zusätzliche historische Informationen liefern und dadurch die historische Einzigartigkeit des Ereignisses unterstreichen.

Erzählstruktur

Wie in Kapitel 3.4.3. gezeigt, ist die narrative Struktur der Darstellungen von Raum XXXIII des SW-Palastes in der assyrischen Tradition einmalig. Im Bild der Schlacht sind simultan, ohne lineare Abfolge, mehrere zeitliche Ebenen eines Ortes, im Bild mit den Hinrichtungen mehrere Orte und verschiedene Zeitpunkte dargestellt. Diese Gleichgültigkeit bezüglich der Einheit von Raum und Zeit innerhalb eines Bildes findet sich ebenfalls in den ägyptischen Feldzugsdarstellungen, da in der ägyptischen Königsideologie die Handlungen des Königs weder zeit- noch ortsgebunden sind.[222] Wenn der König eine Stadt erobert oder den Feind bekämpft, so werden im selben Bild verschiedene zeitliche Ebenen der Ereignisse simultan gezeigt - die Feinde werden angegriffen, fallen, fliehen, sterben und ergeben sich. Der ägyptische König erobert mit einem Angriff gleich mehrere Städte.[223] Libyer und Seevölker werden in einem Bild von Ramses III. den Göttern vorgeführt, obschon die Kämpfe nicht gleichzeitig stattgefunden haben.[224] Im selben Zyklus in Abu Simbel greift Ramses II. eine syrische Stadt an, erschlägt einen libyschen Fürsten und führt nubische Gefangene fort.[225]

Diese Gleichgültigkeit gegenüber einer zeitlichen und räumlichen Einheit eines Bildes ist in zwei Abschnitten des Qadeš-Zyklus am besten zu beobachten: Im Bild der Schlacht prescht der König in die Schlacht, fliehen die Feinde, wird der König von ihnen umkreist, trifft der Wesir die noch entfernten Hilfs-

---

[220] Desroches Noblecourt et al. 1971: Pl. IV; Wresz., Atlas II: Tf. 16 ff., 81 ff., 92 ff., 100 ff., 169 ff.; dazu: KRI II: 125-147, 927; RITA II: 2-26, 606.

[221] OIP 9: Pl. 72.

[222] Dazu: LÄ 2: 560-566 ("Geschichtsauffassung", "Geschichtsbild", "Geschichtsdarstellung"); LÄ 3: 526-531 ("Königsideologie"); Schneider 1996: 44-51; Hornung 1966: 9-29.

[223] Ramses II.: Wresz. Taf. 54a, 55, 55a, 56 (Karnak); Kitchen 1964: 48 (Luxor).

[224] OIP 8: Pl. 43; Ähnlich werden in Beit el- Wali Ramses II. von einem Prinzen Gefangene aus Libyen und Syrien präsentiert (s. Ricke et al. 1967: Pl. 11).

[225] Wresz., Atlas II: Tf. 183-181.

truppen.[226] Im Bild mit dem Lager wird im einen Bereich das Lager aufgebaut, darin friedlich gelebt und beim Zelt gefangene Spione geprügelt, während in einem anderen Bereich der Feind einfällt, ein Generalissimus und ein Wedelträger losreiten, um Hilfe zu holen, während von einer anderen Seite - in geordneten Schlachtreihen - die Hilfstruppen bereits anrücken, die allerdings erst informiert werden mussten.[227] Die sie herbeiholenden Boten werden im Bild der Schlacht gezeigt. Die Unterredung des Königs mit dem Kriegsrat kann man als Darstellung dessen betrachten, was im Zelt abläuft. Ebenso lässt sich die Darstellung der Schlacht mit Pharao auf dem Streitwagen als eine Vergrösserung eines Ausschnittes des Kampfgeschehens betrachten. Dazu bemerkte von der Way: "Die einzelnen dargestellten Episoden, aus denen sich das wandfüllende Schlachtenbild zusammensetzt, stehen zwar untereinander in engem räumlich-topographischem Zusammenhang (daher ihre Berechtigung, nebeneinander in einem Gesamtbild zu erscheinen), doch laufen sie nicht gleichzeitig, sondern nacheinander auf verschiedenen Zeitebenen ab."[228] (s. Übersicht 4)

In Register II und III von Raum XXXIII des Südwestpalastes konnte eine nichtlineare, nicht-chronologisch verlaufende, narrative Struktur nachgewiesen werden. Episoden der Ereignisse werden - vorerst ohne erzählerische Abfolge - simultan ins Bild gesetzt, wie es für ägyptische Darstellungen typisch ist. Eine Strukturierung der Ereignisse in Raum und Zeit wird erst durch den Einsatz von Hilfsfiguren erreicht - dem Assyrer mit dem Bogen und der urartäischen Gesandtschaft.

Zusammenfassung

Nur auf den Darstellungen zur Qadeš-Schlacht Ramses' II. im Ramesseum lassen sich sämtliche Innovationen - Bildelemente und Erzählstruktur - nachweisen, die beim Ulai-Zyklus des SW-Palastes erkannt wurden. Bei den anderen Qadeš-Zyklen sind zumindest mehrere dieser Elemente nachweisbar, während sie auf den anderen ägyptischen Feldzugsdarstellungen nur vereinzelt auftreten.

Sollte die Ulai-Schlacht des SW-Palastes von ägyptischen Schlachtenreliefs inspiriert worden sein, so hätte es ausgereicht, einen der Qadeš-Schlacht-Zyklen - insbesondere die Darstellungen im Ramesseum - zu studieren. Das folgende Kapitel wird sich damit befassen, ob es überhaupt möglich gewesen ist, dass sich assyrische Künstler von den ägyptischen Darstellungen haben beeinflussen lassen.

---

[226] Desroches Noblecourt et al. 1971: Pl. IV; Wresz., Atlas II: Tf. 21 ff., 83 ff., 96 ff., 100 ff., 169 ff.

[227] Desroches Noblecourt et al. 1971: Pl. IV; Wresz., Atlas II: Tf. 16 ff., 81 ff., 92 ff.,169 ff.

[228] Way 1984: 9.

Obschon rund 600 Jahre zwischen deren Entstehung liegen, wurde im vorhergehenden Kapitel nahegelegt, dass die Darstellung der Ulai-Schlacht im
Südwestpalast von einem der Reliefzyklen zur Schlacht bei Qadeš beeinflusst
wurde. Dass die neuen Bildelemente und die neue Erzählstruktur in einer einzigen Komposition ihre "assyrische Premiere" haben, legt eine direkte Rezeption und Umsetzung des ägyptischen Vorbildes nahe. Im folgenden soll den
Umständen und dem Augenblick der Rezeption nachgegangen werden.

Ägypter in Assyrien
Vielleicht waren Ägypter an der Planung oder Herstellung des Ulai-Zyklus
beteiligt, doch geben uns die textlichen Quellen darauf keine Hinweise.[229] Zwei
Punkte machen ausserdem die Annahme einer Produktion oder Planung des
Zyklus durch Ägypter unnötig:
1. Auf den Reliefs gibt es weder antiquarische Details, noch andere Hinweise
   auf ägyptische Hände. Die Parallelen betreffen nur die Komposition, die
   Motive und die narrative Struktur. Diese Elemente können durchaus als
   Idee nach Assyrien gekommen sein.
2. Selbst wenn ägyptische Steinarbeiter zur Zeit Assurbanipals oder früher an
   den assyrischen Hof gelangt wären, läge auch bei diesen die Tradition, die
   die Qadeš-Zyklen hervorgebracht hat, ca. 600 Jahre zurück. Auch ägyptische Künstler hätten also die Elemente nur aus der Betrachtung und nicht
   aus eigener Produktion gekannt.
Als Vermittler der Ideen kommt also genau so gut ein assyrischer Betrachter
der Qadeš-Schlacht in Frage.

---

[229] Zu Erwähnungen von Ägyptern in neuassyrischen Rechtsurkunden: Onasch 1994: 13-16.
Aus der Zeit Sanheribs lassen sich Ägypter in Assyrien belegen. Dabei handelt es sich um
einen Schreiber, einen "Dritten" und einen Schiffer, also keine Berufsgattungen, die man
mit Steinbearbeitung oder der Planung von Reliefs in Verbindung bringen kann.
Als Asarhaddon Ägypten erobert, lässt er viel militärisches Personal und Handwerker verschiedener Gruppen nach Assyrien deportieren. Allerdings befinden sich darunter keine Steinbearbeiter. (Vgl. Borger 1957: 114; Onasch 1994: 32; Lamprichs 1995: 162-165; Mayer
1995: 392 f.).
Auf Assurbanipals erstem Feldzug nach Ägypten werden aus dem eroberten Memphis nicht
näher beschriebene Gefangene nach Ninive gebracht. Auch hier lassen sich keine "Künstler" feststellen. (Vgl. Borger 1996: 211 f.; Streck 1916: 6 ff.; Onasch 1994: 119 f.; Lamprichs
1995: 166-173; Mayer1995: 398ff.).
Auf seinem zweiten Feldzug nach Ägypten erreichten und plünderten Assurbanipals Truppen Theben. Gefangene und Beute wurden nach Ninive gebracht. Aber auch hier deutet
nichts auf ägyptische "Künstler" oder Steinbearbeiter hin. (Vgl. Borger 1996: 215; Streck
1916: 14 ff. und CCLXXVIII; Piepkorn 1933: 40 f.; dazu: Onasch 1994: 108 f., 123 ff.,
156).

Assyrer in Unterägypten

Nachdem Asarhaddon das ägyptische Delta erobert hatte, kontrollierten die Assyrer für einige Jahre Ägypten. Diese hätten durchaus die ägyptischen Darstellungen rezipieren und Ideen nach Assyrien vermitteln können. Doch kennen wir keine Darstellung der Qadeš-Schlacht aus Unterägypten. Allerdings ist dieser Bereich archäologisch auch schlecht erforscht. Der Gedanke, dass Ramses II. in der "Ramsesstadt", in Memphis oder in einer andern Stadt im Delta keine Darstellung der Schlacht bei Qadeš hätte anbringen lassen, scheint befremdend. Eine Qadeš-Schlacht-Darstellung im Delta hätte durchaus alle Bildelemente und die Erzählstruktur aufweisen können, die auf dem Ulai-Zyklus zu finden sind.

Assyrer in Oberägypten

Die Plünderung Thebens durch Assurbanipal bot den Assyrern die einmalige Gelegenheit, die Qadeš-Schlacht-Zyklen des Ramesseums zu sehen.[230] Wie oben gezeigt, lassen sich nämlich sämtliche Neuerungen, die wir auf der Ulai-Schlacht des Südwestpalastes finden, in den beiden Qadeš-Zyklen des Ramesseums in Theben nachweisen.[231] Dass die Assyrer sich durchaus in besiegten Gebieten inspirieren liessen bzw. deren Künste rezipierten oder imitierten, wissen wir z. B. durch den Bau eines "Bīt-ḫilāni" nach "hethitischem" Vorbild.[232]

Die Genauigkeit der Wiedergabe von topographischen Verhältnissen auf einigen assyrischen Darstellungen lassen eine Teilnahme von "Künstlern" an Feldzügen vermuten.[233] In die gleiche Richtung weisen die Erwähnungen oder Darstellungen von "Bildern des Königs", die auf Feldzügen hergestellt wurden, oder archäologische Funde von assyrischen Steinmonumenten, die im Verlauf von Feldzügen entstanden. All dies sind Indizien dafür, dass Steinmetze die

---

[230] Einmalig insofern, als dass nichts auf eine assyrische Präsenz in Theben nach der Plünderung hinweist. Dazu: Lamprichs 1995: 170; Schneider 1988: 68-71.

[231] In diesem Zusammenhang interessant, wenn auch nicht ausschlaggebend, ist ein Fund Petries - ein assyrischer Helm, das wohl einzige archäologische Indiz der assyrischen Präsenz in Ägypten. Als Fundort gibt Petrie eine Kammer nördlich des Tausret-Tempels an, die er in die Zeit des 7. Jahrhunderts v. Chr. datiert. Dieser stand nur einige hundert Meter südlich des Ramesseums. (Petrie 1897: 18-19). Dieser Fund liesse sich mit der Präsenz von Assyrern auf dem thebanischen Westufer vereinbaren, doch ist er zu singulär, um Gewicht zu haben.

[232] Z. B. Fuchs 1994: 42 und 294; dazu: Winter 1982: 357 ff.

[233] Z. B. die Darstellung der Belagerung Tikrakkas von Sargon II., wo neben dem Stadttor die Stele Tiglatpilesars III. aufgestellt zu sehen ist (s. Börker-Klähn1982: 200). Ein anderes Beispiel ist Sanheribs Darstellung der Eroberung von Laḫiš, wo die Exaktheit der Darstellung der Stadt durch die archäologischen Befunde nahegelegt wurde. Man darf durchaus annehmen, dass "Künstler" auf den Feldzügen dabei waren und vor Ort das gesehen haben, was sie später darstellten. Andererseits könnten die topographischen Verhältnisse auch mündlich mitgeteilt worden sein, s. Russell 1991: 202-209.

Feldzüge begleiteten oder sogar im Heer integriert waren.[234] Hat also ein assy-

---

[234] Interessieren sollen uns an dieser Stelle einige Belege aus der Zeit seit Assurnasirpal II., aus denen hervorgeht, dass im Verlauf von Feldzügen königliche Abbilder, d. h. Stelen oder andere Reliefs, aufgestellt worden sind.
Assurnasirpal II.
Nach der Einnahme von Matiatu und bevor Assurnasirpal II. nach Zazabuḫa weiterzieht, lässt er in der Stadt eine Stele mit Inschrift aufstellen. S. RIMA 2: 209; Luckenbill 1926: §§459 - 460; dazu: Börker-Klähn 1982: 183.
Salmanasser III.
Nach den Kämpfen gegen die Stadt Sugunia lässt Salmanasser III. am Ufer des Nairi-Meeres ein Bild mit Inschrift anbringen, s. RIMA 3: 9, 15; Luckenbill 1926: § 598. Das Ereignis ist auch auf einem der Bronzebänder aus Bālāwat festgehalten, s. RIMA 3: 140; Michel 1967-1968: 34-35; Für eine Darstellung s. King 1915: Pl. 1. Während einer Kampagne nach Westen lässt Salmanasser III. gleich mehrere Monumente errichten: Nach einem Kampf gegen eine Koalition von Sam'al und Bīt-Adini an der Saluara-Quelle am Fusse des Amanus, nach dem Sieg über eine weitere Koalition an der Küste in der Nähe des Amanus und auf dem Berg Atalur bzw. Lallar. S. RIMA 3: 17, 29, 34, 51, 64, 74, 103, 105, 112; Luckenbill 1926: §§ 599-600, 633, § 618; Michel 1947-1948:458-459; Michel 1954-1959: 146-147; Laessøe 1959: 150-151; Hulin 1963: 51-52. Von Arṣāšku aus, wo Salmanasser III. den Urartäer Arramu bekämpft hat, besteigt er den Berg Eritia, wo er ein Monument mit Bild und Inschrift anbringen lässt. Darauf zieht er weiter nach Aramalū, wo es zu weiteren Auseinandersetzungen kommt. S. RIMA 3: 20-21; Luckenbill 1926: §§ 605-606. An der Tigris-Quelle, die er nach der Eroberung von Tīl-Abnī erreicht, lässt er ein Relief meisseln. S. RIMA 3: 66, 75; Luckenbill 1926: §§ 564 Das Relief ist uns erhalten, und das Ereignis ist ebenfalls auf einem Bālāwat -Bronzeband dargestellt. Börker-Klähn 1982: 187-189 und Tf. 149. Im 15. Jahr zieht Salmanasser gegen die Nairi-Länder. Im Verlauf des Feldzuges werden an der Tigris-Quelle, an der Quelle des Euphrat und in der Stadt Daiēnu Monumente errichtet. S. RIMA 3: 39, 48, 54, 106; Luckenbill 1926: § 638. Im 18. Jahr, nach der Belagerung von Damaskus, zieht Salmanasser III. zum Berg Ba'alira'asi, wo er sich ebenfalls verewigen lässt. S. RIMA 3: 48, 54, 60, 78; Michel 1947-1948: 266-267; Kinnier-Wilson 1962: 94-96; Luckenbill 1926: § 672. Nach der Eroberung von Que werden zwei Statuen aufgestellt (RIMA 3: 55, 58, 78), ausserdem noch in Laruba (RIMA 3: 79), auf dem Berg Mulû (RIMA 3: 79, 118), in Land Ḫarḫār (RIMA 3: 68; Luckenbill 1926: § 581) und in Kinalua (RIMA 3: 69, 82); Börker-Klähn 1982: 186-190.
Šamši-Adad V.
Während des 3. Feldzuges wird in Ṣibara eine Statue aufgestellt. (S. RIMA 3: 185)
Tiglatpileser III.
Nach der Belagerung von Ṭurušpā lässt Tiglatpileser III. gegenüber der Stadt ein Denkmal errichten. S. Tadmor 1994: 124-125, 134-135, Luckenbill 1926: §§ 785 und 813; dazu: Börker-Klähn 1982: 200.
Sanherib
Sanherib lässt nach einer Aktion gegen die Orte am Berg Nipur eine Felsinschrift und sechs Felsreliefs an eben diesem Berg, dem modernen Ǧudi Daǧ, anbringen. S. Luckenbill 1924: 65-66; Luckenbill 1926: §§ 296-298; dazu: Börker-Klähn 1982: 204-206; Frahm 1997: 150 f..
Asarhaddon
Am Nahr al-Kalb lässt Asarhaddon Felsreliefs und eine Inschrift bezüglich seiner Eroberung und Plünderung Ägyptens anbringen. Vielleicht entstanden diese auf dem Rückweg von Ägypten, doch ist der genaue Kontext der Anbringung nicht ganz klar. S. Borger 1956: 101-102; dazu: Börker-Klähn 1982: 211-212.
Für die Feldzüge Assurbanipals nach Ägypten sind uns allerdings keine Steinmetze bezeugt.

rischer Steinmetz die Zeit in Theben genutzt, um geistiges Gut zu sammeln und als Beute nach Assyrien zu bringen?[235]

Es muss nicht zwingend davon ausgegangen werden, dass gerade Steinmetze sich von neuen Möglichkeiten der Darstellung inspirieren liessen - ein jeder im Umgang mit Kunstwerken geschulter Betrachter hatte die Möglichkeit, die ägyptischen Reliefs anzuschauen und ein ägyptisch inspiriertes Konzept einem Bildhauer für einen konkreten Auftrag zur Ausführung zu unterbreiten.

Die Tafeln mit den Beischriftenvorschlägen lassen eine Mitgestaltung mehrerer Personen annehmen. Da die Reliefs neben der historischen, auch eine ideologische und politische Aussage haben[236], ist zu vermuten, dass es sich bei den Auftraggebern um Mitglieder des Hofes gehandelt hat, die auch politisch aktiv waren, vielleicht sogar als Militärs an den Feldzügen teilnahmen.

Die Gründe für das Experiment

Eine weitere Frage soll zuletzt noch kurz angeschnitten werden: Was wurde mit der Ulai-Schlacht des Südwestpalastes versucht? Hier scheinen folgende Gesichtspunkte wichtig:

1. Das Interesse an historischen Details.

   Die Erzählungen der assyrischen Annalen werden mit der Zeit immer detailreicher - eine Tendenz, die unter Assurbanipal ihren Höhepunkt erreichte.[237] Unter ihm und mit den Darstellungen aus Raum XXXIII floss dieser Detailreichtum erstmals auch in die Reliefs ein. Er lässt sich auch auf einigen später entstandenen Zyklen des Nordpalastes feststellen, z. B. in der kleinen Löwenjagd.[238] Die Darstellungen zur Qadeš-Schlacht hätten eine Möglichkeit gezeigt, wie Details eines Ereignisses dargestellt werden können. Dieser Lösungsvorschlag findet sich mit der Ulai-Schlacht des Südwestpalastes umgesetzt. Mit Beischriften machte man, getreu dem ägyptischen Vorbild, zusätzlich auf diese Details aufmerksam. Doch die ungewohnte simultane Erzählstruktur verhinderte trotz der Lesehilfen den Durchbruch dieses Konzeptes. Eine neue Lösung wurde gefunden: Die Vermehrung der Register auf einer Wand, in die dann linear nacheinander die einzelnen Episoden der detaillierten Erzählung gesetzt wurden.

2. Die kausale Erzählweise in den Annalen unter Assurbanipal.

   Nachdem Asarhaddon in den Annalen die Feldzüge nach geographischen Gesichtspunkten ordnen liess, wurden die Annalen unter Assurbanipal komplexer: Geschichte wurde nicht mehr als chronologische Abfolge von Feldzügen oder Regierungsjahren notiert, sondern kausal zusammenhängende

---

[235] Dazu: Barnett - Forman o. J.: 23.
[236] Dazu: Lamprichs 1995: 292 ff.; Bachelot 1991b.
[237] Vgl. Onasch 1994: 66.
[238] Barnett 1976: Pl. LVI-LIX

Ereignisse wurden in einem *girru* erzählt. Einen Lösungsansatz, wie man kausal zusammenhängende Episoden eines historischen Ereignisses auf ein visuelles Medium umsetzen kann, hätte die Qadeš-Schlacht den Assyrern durchaus geboten, nämlich mit einer nicht-chronologischen Erzählweise. Dadurch dass die Episoden in einem einzigen Bild simultan gezeigt werden, signalisieren sie dem Betrachter ihren Zusammenhang. Allerdings musste dafür mit einer assyrischen Darstellungskonvention gebrochen werden, nämlich mit einer linear verlaufenden Erzählstruktur.

In Raum XXXIII des Südwestpalastes wurde versucht, ein Ereignis mit einer nicht-chronologischen Erzählstruktur darzustellen. Statt einer kontinuierlichen, fliessenden Erzählung werden vier einzelne Bilder zunächst einmal durch die Tatsache, dass man sie an die selbe Seite des Raumes setzte, in einen kausalen Zusammenhang gebracht. Durch Verweise innerhalb eines Bildes werden die Bilder zueinander in Beziehung gebracht.[239] Ähnlich werden durch simultane Darstellung innerhalb eines Bildes Episoden eines Ereignisses als zusammenhängend gezeigt. Dass man sich der Ungewohntheit der Erzählweise bewusst war, zeigt der Einsatz von Lesehilfen. Das neue Konzept stiess aber auf keine Akzeptanz, und man kehrte zurück zu den alten linearen Erzählstrukturen.

---

[239] Z.B. der Fluss mit den Leichen in Register IV oder die Vornehmsten Teummans in Register III.

6.0. Exkurs: Die Beischriftenvorschläge zu Tammaritu und den Araberkämpfen

Nachdem in Kapitel 2 die Vorschläge zum Teumman-Dunanu-Zyklus mit den dazugehörigen Reliefs verglichen wurden, soll gleiches mit den Vorschlägen zu Šamaššumukīn und Tammaritu (ŠT) geschehen.[240] In ihnen werden Ereignisse aus der Regierungszeit Assurbanipals behandelt, die sich nach der Schlacht am Ulai abspielten. Auf vier von 13 Tafeln (A, B, G, J) sind Unterschriften erhalten, von denen drei die Vorschläge Räumlichkeiten des Nordpalastes zuweisen. Sie bilden die Fixpunkte der Betrachtung der einzelnen Vorschläge und deren Zuordnung zu einzelnen Reliefs. Die Vorschläge werden in einer möglichen chronologischen Abfolge diskutiert und passende Darstellungen dazu gesucht.

Fixpunkte
Die Tafeln mit den Vorschlägen zum sogenannten Šamaššumukīn-Tammaritu-Zyklus liefern uns folgende Fixpunkte, welche die Zuordnung der Vorschläge zu Darstellungen im Nordpalast ermöglichen.

ŠT B Unterschrift   [10][Wänd]en des Bīt-ridûti   [11][ ] des südlichen Flügels
ŠT G Unterschrift   [23][   ] Bīt-ridûti   [24]südlich[en] [ ]

1. Die Unterschriften der Tafeln B und G ordnen die Vorschläge dem südlichen Flügel des Bīt-ridûti, des Nordpalastes zu.
2. Tafel B ist vierkolumnig und nicht vollständig erhalten. Die Unterschrift am Ende von Kolumne IV muss nicht der ganzen Tafel gegolten haben und soll folglich nur auf die unmittelbar vorangehenden Vorschläge, d.h. die in Kol. IV, bezogen werden.

ŠT J Unterschrift   [6]Östlicher Flügel [xx] die Wände.

3. Die Unterschrift auf J ordnet Vorschläge dem östlichen Flügel eines unbekannten Gebäudes zu. Es lässt sich aus folgenden Gründen ebenfalls als Nordpalast identifizieren:

---

[240] Diese Gruppe von Texten als die Kämpfe gegen Šamaššumukin und Tammaritu zu bezeichnen, ist etwas missverständlich, da, im Gegensatz zu Tammaritu, Šamaššumukīn nie als handelnde Person auftritt. Er wird entweder im Zusammenhang mit der Beute aus seinem Palast oder als Verbündeter Tammaritus erwähnt. Die Bezeichnung soll dennoch beibehalten werden. Vgl. Borger 1996: 307; Weidner 1932-1933: 191.
ŠT Tafeln mit den Vorschlägen zum Šamaššumukin-Tammaritu--Zyklus. (Bei Borger 1996: 307 ff. als Nummern 51 bis 83 mit zusätzlichen Texten auf den Seiten 318-319).
Mein VAT I bezeichnet den Text VAT 11264 (Borger 1996: 318), VAT II den Text VAT 10269 (Borger 1996: 318 f.)

a. Die Vorschläge J 1 bis J 3 betreffen die Konflikte mit Arabern. In Raum L des Nordpalastes fanden sich Darstellungen von Kämpfen gegen Araber.

b. Auf Tafel A finden sich ebenfalls Vorschläge (A 8 bis A 11), die die Konflikte mit den Arabern betreffen. Somit liegt die Vermutung nahe, dass auch die anderen Vorschläge von Tafel A demselben östlichen Flügel wie Tafel J gegolten haben. Bestärkt wird diese Vermutung durch die anderen Vorschläge von Tafel A (A 1 bis A 7), die sich nämlich in Zusammenhang mit den Darstellungen von Raum M (Platten 12-13) - im selben Flügel wie Raum L - sehen lassen.

c. Wenn Raum L und M zum östlichen Flügel den Nordpalastes gehören, bietet sich Hof J als Bezugspunkt der Richtungsangaben an.

Mit dem "südlichen Flügel" aus den Unterschriften von Tafeln B und G wären somit Räume südlich von Hof J gemeint. Da dieser Bereich nicht ausgegraben ist, verwundert das Fehlen passender Darstellungen zu Vorschlägen, die diesem Bereich zugewiesen werden, nicht.

6.1 DIE VORSCHLÄGE UND DIE DARSTELLUNGEN

6.1.1 Ummanigaš

Die Annalen berichten, dass Ummanigaš - von Šamaššumukīn bestochen und angestachelt - elamische Truppen gegen Assurbanipal entsendet. In der Schlacht bei Mangisu unterliegen sie den Assyrern. Daraufhin wird Ummanigaš von Tammaritu gestürzt und mit seiner Familie ermordet.[241]

ŠT VAT I 1	¹[ ] Nin[lil errei] ch[ten] ²[So]hn des Teum[man] ³[ ]
(S. 318)	Pillati[ ] x [ ] ⁴[ ] Šamaššumukīn Br[uder] ⁵[Um]manigaš [ ]

Die Reste des Vorschlags gleichen einer Passage in den Annalen, die das Vorspiel zur Schlacht bei Mangisu erzählt.[242] Dort werden Undasu, der Sohn des Teumman, und Zazaz, der Stadtoberste von Pillatu, erwähnt, die wie Ummanigaš dem Šamaššumukīn beim Aufstand zu Hilfe kommen. Ihnen werden im Verlauf der Schlacht die Köpfe abgeschnitten. Durch den anderen Vorschlag der Tafel (VAT I 2) könnte dieser mit Raum M des Nordpalastes in Verbindung gebracht werden. Allerdings fehlt eine passende Darstellung.

---

[241] Borger 1996: 229, 233.
[242] Borger 1996: 229.

Schlachtreihen

ŠT C 3 (71)   [2]Schlachtreihe des Ummaniga[š,   ] [3]des Assurbanipal, des Königs von Assyrien, [   ] [4]der ihn [   ] eingesetzt hatte. [5]Tammaritu, <der> sich mit ihm [verfeindet?] hatte [   ] [6][   ] zerstreute [   ]

ŠT G 6 (71)   [6]Schlachtreihe des Ummanigaš, der nicht bewahrte die Wohltat ? [7]des Assurbanipal, des Königs von Assyrien, der ihn in Elam [8]zum Königtum eingesetzt hatte. [9]Tammaritu, der [sich mit ihm verfeindet? hatte] und seine Niederlage bewirkte, [10]zerstreute seine Truppe.

Bei der Darstellung der Ereignisse um Ummanigaš sollte seine, d. h. die feindliche Schlachtreihe gezeigt werden. Soweit erhalten, scheinen die beiden Vorschläge mit Ausnahme einer Schreibvariante[243] identisch zu sein. Eine passende Darstellung ist uns nicht überliefert, doch wird der Vorschlag durch die Unterschrift von Tafel G dem nicht ausgegrabenen südlichen Flügel zugewiesen.

Ummanigaš wird geköpft

ŠT C 4 (72)   [7]Der abgeschnittene Kop[f   ] [8]der mic[h   ]
ABGEBROCHEN

ŠT G 7 (72)   [11][Der abgesch]nittene Kopf des Ummanigaš, des Königs von Elam,[12]der mich, seinen Vertr[agsgenossen], verliess. [13][der zur Unter]stützung des [Šamaš-šu]mukīn, des Herrn meiner Feinde, [14][, den] Tammaritu inmitten der Schlacht abschnitt [15][Zur] Schau meines *Šūtrēši*, der Ummanigaš [16][nach] Elam [   ] Nach Madaktu [17]liess er ihn als Freu[denbot]schaft bringen.

Während der Schlacht wird Ummanigaš geköpft. Die beiden Vorschläge scheinen - soweit erhalten - identisch zu sein. Eine passende Darstellung ist nicht überliefert, doch weist die Unterschrift von Tafel G den Vorschlag dem südlichen Flügel des Nordpalastes zu.

Flucht des Ummanigaš

ŠT D1 9 (66)   [10][Ummani]gaš?[244], der die Wohltat Assurbanipals, des Königs von Assyrien[11][ABGEBROCHEN und] seinen Eid [nicht] bewahrte.[12][   ] Die Leute seines Landes [13][V]or den Leuten seines Landes [14][er floh] ins Gebirge
ABGEBROCHEN

ŠT G 1 (66)   [2][der/den Ass]ur seinen Herrn trug?. [3][Ei]d und das Bündnis. Die Leute seines Landes [4]wiegelte er [gegen] ihn [auf. Vo]r den Leuten seines Landes [5][   ] und er flo[h] ins Gebirge. [6][Umman]igaš er[schlugen sie?]. Seinen [Ko]pf, seine Arme, seine Füsse [7][   ] Kopf? brachte [T]ammaritu und[8][   ] meinem *Šūtrēši*.

ŠT F 2 (66)   [9][   ] Wohltat PN[   ]

---

[243] Für die Schreibvarianten vgl. Borger 1996: 316.
[244] Name unsicher! S. Borger 1996: 313.

Für eine sichere Zuordnung von Vorschlag F 2 ist zuwenig erhalten. Vorschläge D1 9 und G 1 scheinen identisch zu sein.[245] Vorschlag G 1 - und damit wohl auch D1 9 - kann auf Ummanigašs Flucht und Ende bezogen werden. Passende Darstellungen sind nicht überliefert und die Unterschrift von Tafel G weist den Vorschlag dem südlichen Flügel des Nordpalastes zu.

6.1.2. Tammaritu

Tammaritu, der seinen Vorgänger abgesetzt hat, nimmt wie Ummanigaš die Bestechung Šamaššumukīns an und kommt ihm mit seinen Truppen zu Hilfe. Doch Indabibi empört sich gegen ihn, besiegt ihn in einer Feldschlacht und zwingt ihn zur Flucht. Schliesslich unterwirft sich Tammaritu mitsamt Familie und Würdenträgern Assurbanipal. Seine Bogenschützen werden in assyrische Dienste genommen.[246]

Tammaritu flieht während der Schlacht

ŠT G 3 (68)   [16']Tammaritu, der Kö[nig] von Elam, der zur Unterstützung des Šamaššu[mukīn][17']zum Kampf mit meinen Truppen kam. [18']Ich, Assurbanipal, der König von Assyrien, [wen]dete mich an Assur und Ištar, und[19']sie erhörten mein Gebet. Indabibi, sein Diener, [20']empörte sich [19']gegen [ihn][20']und in einer Feldschlacht bewirkte er seine Niederlage. [21']Die Leute des Tammaritu flohen mitten im Kampf und[22']verkündeten ihm die Niederlage seiner Truppen. Er floh auf dem We[g] nach dem Meerland.[23']Nach ihm setzte sich Indabibi, sein Diener, auf seinen Thron.

ŠT H1 1 (68)   [1'][ ] floh[en] [ ] [2'][er] ergriff [ ]
[3']se[tzte sich] [Indabi]bi, sein Diener, [ ]

Die Vorschläge G 3 und H1 1 sind nicht identisch. H1 1 ist sehr fragmentarisch erhalten. Inhaltlich geht es um die Thronübernahme Indabibis und Tammaritus Flucht aus der Schlacht, die ihn ins Meerland führt. Eine passende Darstellung ist nicht erhalten. Der Vorschlag durch die Unterschrift von Text G dem südlichen Flügel des Nordpalastes zugewiesen.

Schiff des Tammaritu

ŠT G 4 (69)   [24']Das Schiff des Tammaritu, des Königs von Elam, seiner Brüder, seiner Familie, der Nachkommen des Hauses seines Vaters,[25']der Fürsten, die ihm zur Seite gingen, das Ablagerung, Schlamm und Morast festhielt [26'](und) kein? Fortbewegen hatte. Aus diesem Boot trug Kili[ ][27']den Tammaritu auf sei-

[245] Für die Schreibvarianten vgl. Borger 1996: 313 f.
[246] Borger 1996: 230, 233-234.

nem Rücken [ ]²⁸'durchschlug ²⁷'die Mühsalen des schwierigen Geländes.
²⁸'[ ](und) liess ihn ins Röhricht eintreten. Gegen ihren Hunger
²⁹'WENIGE RESTE

ŠT H1 2 (69)   ⁴'[von] Elam, [seiner] Brüder,⁵'[ ], die ihm zur Seite gingen,⁶'das
Abla[gerung,] festhielt [und kein?] Fortbew[egen] ⁷[Aus] diesem Boot ⁸trug
[ ] ⁸[ ] Mühsalen [ ] [Gel]ändes ⁹'[ ] liess ihn ins [Röhricht] eintre-
ten.¹⁰'[ ] assen [sie] Ungeko[chtes]

ŠT H2 1 (69)   ¹'auf[seinem Rücken?]] ²' liess er durch[ziehen?] ³'Gegen [ihren] Hunger
[ ]

Bis auf wenige Schreibvarianten²⁴⁷ sind die Vorschläge G 4, H1 2 und H2 1
identisch. Die Vorschläge H1 2 und H2 1 ergänzen sich. Die Vorschläge erwähnen das Schiff des Tammaritu und seine Flucht in die Sümpfe. Eine passende Darstellung ist nicht erhalten, doch nach der Unterschrift von Text G
gehören die Vorschläge auch zu Darstellungen des südlichen Flügels des Nordpalastes.

Aufzählung feindlicher Militärs

ŠT B 4 (67)   [ ] ²[Tammar] itu, König [ ] ³[Bogen]schützenkommandant [ ]
⁴[ ][Bog]en[schützenkommandant] der Kavalleristen [ ]

ŠT G 2 (67)   ⁹'[ ] [Ta]mmaritu¹⁰'[ ] Bea[uftragter ?] Samu[nu] ¹¹'[ ]gugu?
Beauftrag[ter] A[ ] ¹²[k]alu Sohn [ ] ¹³'[Umman]aldasu, sein Bruder,
Tamm[arit]u, König von [Elam] ¹⁴'[ ] B[ogenschützen] kommandant[ ]
¹⁵'[Teu]mman, der Bogenschützenkommandant der Kavalleristen [ ]²⁴⁸

B 4 und G 2 sind - soweit erhalten - identisch. Dabei handelt es sich in beiden
Fällen um eine Aufzählung von Elamern. In welchem Zusammenhang sie
stehen, kann nur aus dem Kontext der Tafel erschlossen werden - nämlich
Tammaritus Aufstand und seine Flucht per Schiff. Vielleicht handelt es sich
bei den Namen um ihn begleitende Flüchtige. Eine passende Darstellung ist
nicht überliefert. Die Unterschriften von B und G weisen die Vorschläge dem
südlichen Flügel des Nordpalastes zu.

Tammaritu empfängt Assurbanipals Gaben

Die folgenden Beischriften handeln von Tammaritu, der, nachdem er mit seiner Familie vor Indabibi geflohen ist, sich Assurbanipals Šūtrēši unterwirft.

ŠT G 5 (70)   ¹Tammaritu, der König von Elam, der vor Indabibi ...[...] ²ins Innere des Meeres hinabglitt (und) Übles erlebte. ³Ich, Assurbanipal, König von Assyrien,
liess ihm Gaben meiner Majestät bringen.⁴Diese Gaben empfing er und ⁵küsste
⁴vor meinem Šūtrēši die Erde.

---

²⁴⁷ Für die Schreibvarianten vgl. Borger 1996: 315.
²⁴⁸ Lesung nach Smith, s. Borger 1996: 314.

ŠT H2 2 (70)   [4']Tammaritu, der König von El[am,] der [   ] [5']geflohen und ins Innere [...   ]

                [6']Übles erlebte. [   ] [7'][Gabe]n [meiner] Majestät   ABGEBROCHEN

ŠT H1 3 (70)   [11'][   ] Ind[abibi   ] [12'][   ]

Von H1 3 ist für eine Interpretation zu wenig erhalten. G 5 und H2 2 erwähnen Tammaritus Flucht in die Sümpfe, und dass er von Assurbanipal Gaben empfängt. Eine Darstellung des Beschriebenen ist im südlichen Flügel des Nordpalastes zu suchen, wohin die Unterschrift auf Tafel G verweist.

Einzelpersonen

ŠT B 5 (73)   [5'][   ]Sohn des Urtaku, König von Elam.

ŠT G 8 (73)   [18][   ]NU BAD? Sohn des Ummanappi, Sohn des Urtaku, König von Elam.

B 5 und G 8 sind, soweit erhalten, identisch.

ŠT B 6 (74)   [6'][   ] Sohn des Teumman, König von Elam.

ŠT G 9 (74)   [19][U]mmanaldasu, Sohn des [Te]umman, König von Elam.

B 6 und G 9 sind, soweit erhalten, identisch.

ŠT B 7 (75)   [7'][Umbakidenn]u, Sohn des Ummanappi, Sohn des Urtaki, [8']LEERRAUM
                König von Elam.

ŠT G 10 (75)   [20][U]mbakidennu, Sohn des Ummanappi, [21][Sohn des] Urtaki, [König] von Elam.

B 7 und G 10 sind, soweit erhalten, identisch.

ŠT B 8 (76)   [9'][   ]nu, *Nagiru*

ŠT G 11 (76)   [22][x]NAGdinu, *Nagiru*

B 8 und G 11 sind, soweit erhalten, identisch.

Zu den Vorschlägen mit den Namen von einzelnen Elamern lässt sich keine passende Darstellung finden. Die Unterschriften der beiden Tafeln ordnen sie allerdings dem südlichen Flügel des Bīt-ridûti, dem nicht ausgegrabenen Bereich des Nordpalastes zu.

6.1.3. Tammaritu und seine Familie unterwerfen sich Assurbanipal

Auch diese Vorschläge schildern Tammaritus Flucht und seine Unterwerfung - diesmal wird allerdings auch seine Familie erwähnt.

ŠT A 1 (51)   [1'][durch den Beista]nd Assurs und Išta[rs   ] [2'][Tamm]aritu, der König von Elam, Abbild der *gallû*-Dämon[en?   ] [3'][des Šamaššumuk]in, des feindliche Bruders, der sich erhob ...[   ] [4'][   ] Auf Geheiss Assurs und Ištars, der

Göttern, [meiner Helfe]r [5][   ] empörte sich [Indabi]bi, sein Diener, gegen ihn
und [   ] [6][   ] Seine Familie, die Nachkommen des Hauses seines Vaters und
die Fürsten, die [an seiner Seite ging]en [   ] [7][nac]kt krochen sie auf ihrem
Bauch heran und..[..   ] [8][knie]nd[?] priesen sie vor mir die Kampftaten meiner starken Götter, die [mir zu Hilfe] ge[kommen waren]

ŠT B 1 (51)   [2][Tamm]aritu, der König von Elam, [3][   ] meine Herrschaft. [4][des
Šamaššu]mukīn, des feindlichen Bruders [5][zum Kam]pf mit meinen Truppen [6][Auf Geheiss] Assurs und Ištars, [   ] [7][ABGEBROCHEN Indabi]bi,
sein Diener [8][er] setzte sich auf seinen Thron. [9][   ] die Nachkommen des
Hauses seines Vaters [10][die an] seiner Seite [gingen] [11][kro]chen sie
[   ] [12][ABGEBROCHEN   ] priesen[249] [13][   ] [mir zu Hilf]e [   ]

Sowohl bei A 1 als auch bei B 1 fehlt der Anfang des Vorschlages, doch sind
sie bis auf ein paar Schreibvarianten[250] identisch.

ŠT D1 8 (65)   [1][von] Assyrien, den Assur und Ištar [2]über seine [Geg]ner stellten, [3][der
al]le seine Wünsche [erreichte]. Tammaritu, der König von Elam, [4][des]
Šamaššumukīn, des feindlichen Bruders, der sich erhob [5][zum Kam]pf mit
meinen Truppen. Vor Indabibi, seinem Diener, [6][der einen Auf]stand gegen
ihn anzettelte - er, zusammen mit seinen Brüdern, [7][, den Nachkom]men des
Hauses seines Vaters, seinen Grossen [kam/floh er] nach Ninive [8][   ] und die
Füsse [mei]ner Majestät küsste er. [9][Er kam?] um vor mir den Diener zu
[mach]en (und) er flehte um meine Herrschaft.

ŠT F 1 (65)   [1][Assur]banipal, der König von Assyrien, [2]den [   ] [... über] seine [Geg-
ner], der al[le er]reichte [3][des Šam]aššumukīn, [4][mit] meinen [Trup-
pen]. Vo[r Indabibi,   ] [5][   ] anze[ttelte   ], [6][   ] seines [Vaters] und [   ]
Gros[sen   ] [7][   ] meiner Maje[stät   ] kü[sste] er. [8][er fleh]te [   ]

D1 8 und F 1 sind, abgesehen von zwei Schreibvarianten[251], identisch.

ŠT B 2 (57)   [1]Ic[h (bin) Assurbanipal,   ] [2][   ] bestimmt haben. [3]Mit Tam[maritu   ] [4]sei-
ner Familie, die Nachkommen[des Hauses seines Vaters   ] [5][   ] die an sei-
ner Seite gingen [   ] [6]sie ergriffen die Füsse [meiner] Majes[tät.   ]
[7] [   ] ermutigten mich. [8]Nach Ninive [   ] freu[dig ein   ].

ŠT J 4 (57)   [7]Ich (bin) Assurbanipal, der König der Gesamtheit, der König von Assyrien
[8][d]em Assur und Ištar ein gutes Schicksal bestimmt haben. [9][   ] Tammaritu,
König von Elam [10][   ] seiner [Fa]milie, die Nachkommen des Hauses seines
Vaters [11][Fü]rsten, die an seiner Seite gingen - meine Feinde - [12]sie flo[hen]
und sie ergriffen die Füsse meiner Majestät. [13][   ] Meine Götter ermutigten

---

[249] Hierbei folge ich der von Borger 1996: 309 vorgeschlagenen Emendation.
[250] Für die Schreibvarianten vgl. Borger 1996: 308 f.
[251] Für die Schreibvarianten vgl. Borger 1996: 313.

mich. [14][ABGEBROCHEN N]ach Ninive, der Stadt meiner Herrschaft, [15]zog ich [freudig] ein.

Auch in B 2 und J 4 sind die Ereignisse nach der Unterwerfung Tammaritus angesprochen. Die Vorschläge scheinen - soweit erhalten - identisch zu sein.

Alle erwähnten Vorschläge beschreiben, wie sich Tammaritu Assurbanipal unterwirft. In den Annalen wird die Unterwerfung Tammaritus im Zusammenhang mit dem Sieg über Šamaššumukīns erzählt.[252] Einige der Vorschläge erinnern auch daran, dass Tammaritu mit Šamaššumukīn verbündet war, bevor er sich unterwarf. Die Darstellung in Raum M (Platten 12-13) des Nordpalastes zeigt genau diesen Kontext: Ein elamischer König ergibt sich Assurbanipal, während die Beute aus dem Sieg über Šamaššumukīn herbeigebracht wird. Die Vorschläge galten m. E. dieser Darstellung, wurden aber nicht als Beischrift umgesetzt.

ŠT A 7 (57)   [22][ ] die grossen Gött[er] bestimmt[haben]

                  ABGEBROCHEN

ŠT D2 4 (57)   [8][ ] Assurbanipal, der König von Assyrien, dem die grossen Götter [9][ ] ein gutes Schicksal [besti]mmt haben. [10][ ] seine Brüder, seine Familie [ ] [12]erhoben sich [11][z]u Hilfe [12][Šamaššumuk]īn[13][ ] sein Herr

                  ABGEBROCHEN

A 7 ist mit D2 4 - soweit erhalten - identisch, doch ist zuwenig erhalten, um irgendeine Aussage zu machen. D2 4 handelt wahrscheinlich von der Familie und Verbündeten Tammaritus und erwähnt seinen Aufstand. Ob die Vorschläge im fehlenden Teil erwähnen, wie sich Tammaritu unterwirft, und somit tatsächlich hierher gehören, ist ungewiss.

Die Bogen Tammaritus

Gemäss den Annalen unterstehen, nachdem sich Tammaritu unterworfen hat, die elamischen Bogenschützen Assyrien.[253]

ŠT D1 7 (64)   [26]Ich (bin) Assurbanipal, der König von Assyrien. Auf Geheiss [ ] [27][der gros]sen [Götter], [ ] die Könige, die auf Hochsitzen thronten, [28][ ] [ ], [in] deren [Mitte] Tamma[ritu,] ABGEBROCHEN

ŠT E 4 (64)   [9]Ich (bin) Assurbanipal, der König von Assyrien. [10]Auf Geheiss Assurs und Ninlils, der grossen Götter, [11]unterwarfen sich die Könige, die auf Hochsitzen thronten, meinem Joch. [12]Die Bogen, [13]in deren Mitte [12]Tammaritu, der König von Elam, [13]zum Kampf mit mei[nen] Truppen prahlte - [14]jetzt, durch die Macht

---

[252] Borger 1996: 228 ff.
[253] Borger 1996: 230.

Assurs und [   ], [15]der [Gö]tter, meiner Helfer, dieselbi[gen] Bogen [   ] [16][   ]

Monat Nisan mit[?] [   ] [17][   ] brachten sie heran [   ]

Soweit erhalten sind die Vorschläge identisch. Die beiden Vorschläge sprechen aber nicht von Bogenschützen, sondern nur von den Bogen, "in deren Mitte sich Tammaritu gross gemacht hatte". Auf der gleichen Tafel wie Vorschlag D1 7 findet sich (in Kolumne II) Vorschlag D1 4, der als Beischrift NB 3 in Raum M (Platte 13) realisiert wurde. Auf Platte 12 von Raum M sind hinter dem elamischen König Bogen, die als Beute herangebracht und registriert werden, dargestellt. Die Vorschläge haben m. E. dieser Darstellung gegolten.

6.1.4. Die Beute aus dem Palast Šamaššumukīns

Nach der Belagerung Babylons und dem Tod Šamaššumukīns werden die Aufständischen und die Beute aus dem Palast des Šamaššumukīn nach Assyrien gebracht.[254]

NB 3	[1]Ich (bin) Assurbanipal, der König der Gesamtheit, der König von Assyrien, [2]der auf Geheiss der grossen Götter [3]die Wünsche seines Herzens [1]erreichte. Die Kleidung und den Schmuck, [4]was zum Königtum des Šamaššumukīn, [5]des untreuen Bruders, [4]gehörte, seine Haremsfrauen, seine [Šūt]rēši, [6]seine Schlachttruppen, den Wagen, den Prunkwagen, sein herrschaftliches [Ge]fährt, [7]den ganzen Bedarf seines Palastes, soviel [vor]handen war, [8]Leute, männlich und weiblich, klein und gross, [9]liess man an mir vorüberziehen.
ŠT D1 4 (61)	[15'][von] Assyrien, der auf Geheiss der grossen [Gött]er, [16'][die Wüns]che seines Herzens [erreichte]. Die Kleidung und den Sc[hmu]ck, [17'][was zum König]tum des Šamaššumukīn, des [untre]uen Bruders, [gehörte], [18'][ ] seine Šūtrēši, seine Schlachttruppen, [19'][den Pru]nkwagen, [sein] herrschaftliches Gefährt, [20'][ ] das Gespann seines Joches, den ganzen Bedarf [21']seines [Palastes], soviel vorhanden war, Leute, männlich und we[iblich], [22'][klein und] gross, liess man an [mir].vorüberziehen.
ŠT D2 6 (61)	[4']Ich (bin) As[surbanipal,] [5']erreichte. [ ] [6']was zum [Königtum] gehörte, [7'][seine] Harems[frauen] [8']den Wagen, [ ] [9']Pfer[de,] [10'][seines] Palas[tes] [11']kle[in und gross] ABGEBROCHEN
ŠT E 1 (61)	[1]Ich (bin) Assurbanipal, der König von Assyrien, der auf Geheiss der grossen Götter, [2]die Wünsche seines Herzen [1]erreich[te]. [2]Die Kleidung und den Schmuck, was zum Königtum des Šamaššu[mukīn], [3]des untreuen <Bruders> gehörte, seine Haremsfrauen, seine Šūtrēši, seine Schlachttruppen, [4]den Wagen, den Prunkwagen, sein herrschaftliches Gefährt, Pferde, [5]das Gespann sei-

---

[254] Borger 1996: 230-231, 234-235.

nes Joches, den ganzen Bedarf seines Palastes, soviel vorhanden war, [6]Leute, männlich und weiblich, klein und gross, liess man an mi[r].vorüberziehen.

ŠT VAT I 2   [2][Ich (bin)] Assurbani[pal], [3][der a]uf Geheiss von Assur und Ninlil [ ]
(zu 61)   [4][Die zaq]iptu- und die šakirūtu-Standarte[255], Kleidung und Schmuck [   ]
[5][des] Šamaššumukīn, [des untreuen Bru]ders [6]seine [Harems]frauen, seine Šūtrēši, [seine Schlachttruppen,] [7][den Wagen,] den Prunkwagen, [sein herrschaftliches] Gefä[hrt,] [8][Pferde, das Gesp]ann seines Joches, den ganzen Be[darf] [9][ ]   männlich und we[iblich]

Die Vorschläge beziehen sich auf eine Darstellung der Vorführung der Beute nach dem Sieg Assurbanipals über seinen Bruder. VAT I 2 schreibt "Assur und Ninlil", während die anderen Vorschläge von den "grossen Göttern" sprechen, ausserdem erwähnt er "zaqiptu- und die šakirūtu-Standarte" und fällt somit etwas aus dem Rahmen. Ansonsten sind die Vorschläge bis auf wenige Schreibvarianten[256] - soweit erhalten - identisch. Eine Umsetzung der Vorschläge findet sich mit der Beischrift NB 3 zur bereits erwähnten Szene in Raum M (Platten 12-13) des Nordpalastes - die Darstellung zeigt in der obersten Standlinie, wie die Insignien des babylonischen Königs und sein Wagen herbeigebracht werden. Vorschlag E 1 ist sechszeilig, Vorschläge D1 4, D2 6 und VAT I 2 sind achtzeilig, die Beischrift NB 3 ist neunzeilig. Um den zur Verfügung stehenden Platz zwischen Baldachin, Pferdeohren und Höflingen auszunutzen, wurde die Zeilenzahl auf neun erhöht, was aber wiederum Probleme mit der horizontalen Ausdehnung des Textes ergab. Deshalb musten Zeichen oder Wörter eingefügt bzw. weggelassen werden.[257]

ŠT A 2 (52)   [9]Ich (bin) Assurbanipal, der König von Assyrien. Durch den Beistand Assurs und Ištars [ ], [10]Die zaqiptu- und die šakirūtu-Standarte[258], was zum Königtum des Šamaššumukīn gehörte [ ], [11]den Wagen, das Gefährt seiner Herrschaft und die Truppen, die Aufstand und Revolte gemacht hatten, führten [sie] fort [ ] [12]Auf dem Erdboden wurden sie vor mir hin- und hergeschleift. Den Rest x[ ] [14]liess ich [13] [in Re] ihen[?] ihre Gebirge [ ], zur Schau für die Leute, auf den Rücken von Ka[melen] [14]sitzen und freudig nach Ninive [ ]

Vorschlag A 2 handelt ebenfalls von der Beute und den Gefangenen nach dem Sieg über Šamaššumukīn. Ergänzend ist angefügt, dass es zu Bestrafungen kam und dass anschliessend etwas oder jemand auf dem Rücken von Kamelen nach Niniveh geführt wurde. Gegenüber den vorhergehenden Vorschlägen D1 4, D1 6, E 1und VAT I 2 ist der Schluss von A 2 etwas variiert, doch bezieht er

[255]   S. Borger 1996: 309.
[256]   Für die Schreibvarianten vgl. Borger 1996: 311 f. bzw. Gerardi 1987: 264 f. o. Gerardi 1988: 23 f.
[257]   S. Gerardi 1987: 265.
[258]   S. Borger 1996: 309.

sich auf die selbe Darstellung in Raum M (Platten 12-13). Beschrieben wird, wie die Beute und die Aufständischen nach dem Sieg über Šamaššumukīn, Assurbanipal vorgeführt werden, bevor sie nach Ninive gebracht werden - die Szenen spielt also vermutlich noch in Babylonien. Auf Platten 12-13 von Raum M ist dargestellt, wie die Beute und Gefangene noch in Babylonien - so aus den Palmen im Hintegrund zu schliessen - Assurbanipal vorgeführt werden. Zeitpunkt und Handlung der Darstellung und des Vorschlags stimmen somit überein.

Die Ḫialu-Truppen
Die Ḫialu-Truppen Šamaššumukīns sind Assurbanipal ebenfalls in die Hände gefalllen.

ŠT A 3 (53)	¹⁵Die Ḫialu-Truppen des Šamaššumukīn x[ ] ¹⁶überwäl[tigten] als Kriegsgefangene, durch den Beistand Assurs und Ištars [meine Hände ?]
ŠT C 1 (53)	²übe[rwältigten ¹'[als Kriegs]gefan[gene]

Die Vorschläge sind soweit erhalten identisch und passen zu einer Szene auf Platte 12 in Raum M. Gezeigt sind gefangene, babylonische Soldaten - im zugehörigen Wagen werden Schilde und Speere mittransportiert.

Mit Šamaššumukīn verbündete Städte
Während des babylonischen Aufstandes besiegt Assurbanipal Städte, die mit Šamaššumukīn verbündet waren. Unter diesen befindet sich Borsippa.[259]

ŠT A 4 (54)	¹⁷Die Bewohner von Borsippa, die Aufstand und Revolte gemacht und die sich mit [Šamaššumukīn] ¹⁸ abgesprochen hatten, über[wältigten] durch den Beistand Assurs und Ištars [ ]
ŠT D2 2 (54)	²[ ], die Aufsta[nd und Revolte] gemacht ³[ ] die sich mit Šamaššumukīn abgesprochen hatten, ⁴überwältigten [ ] und Ištars meine Hände
ŠT C 2 (54)	³Die Bewohner?[ ], ⁴die m[it]
ŠT A 5 (55)	¹⁹Die [Bewoh]ner der Stadt?, die Aufstand und Revolte gemacht hatten, und die mit Šam[aššumukīn]
ŠT B 3 (57*)	⁹'Die Leute, die Aufs[tand und Revolte gemacht hatten], ¹⁰'[ ] dem feindlichen Bru[der]
ŠT A 6 (56)	²⁰[des] Šamaššumukīn, die Aufstand und Revolte gemacht hatten[ ] ²¹[ ] meine [Hände], ersc[hlug] ich [ ]
ŠT D2 3 (56)	⁵'[ ] des Šamaššumukīn, die Aufstand und Revolte gemacht hatten, ⁶' überwältigten [ ] und Ištars meine Hände, (und) ⁷erschlug [ich] mit Waffen.

---

[259] Borger 1996: 233-235.

Vorschläge A 4, C 2 und D2 2 scheinen soweit erhalten identisch zu sein. Vorschlag A 5 unterscheidet sich von A 4 dadurch, dass er nur von einer unbestimmten Stadt spricht, während A 4 "Borsippa" nennt. Bei den andern Vorschlägen ist die Stelle, wo der Ortsnamen gestanden hätte, zerstört. A 6 und D2 3 variieren den Schluss. Von welchen Orten gesprochen wurde, verschweigt die Lücke. Da in den Annalen in diesem Zusammenhang auch andere Orte genannt werden, kommt zur Ergänzung der Vorschläge nicht nur Borsippa in Frage.[260] B 3 spricht ganz allgemein von "Leuten", die am Aufstand beteiligt waren. In A 5 wird eindeutig kein Stadtname erwähnt - der Ort sollte entweder ungenannt bleiben, oder der Name erst später eingefügt werden. Interessant ist Tafel A, da sie gleich drei Varianten ähnlichen Inhalts zu bieten scheint.

In Raum M (Platten 12-13) sind auf der untersten Standlinie gefangene Zivilisten - Männer und Frauen in babylonischer Tracht - dargestellt, auf die sich die Vorschläge beziehen lassen.

Nabûšallimšunu und Mannukībābili; Söhne des Eazērqīša

ŠT D1 5 (62)   [23][Nabû]šallimšunu, der Wagenlenker, Mannukībābili, [24]LEERRAUM der Sohn
                des Nabûšallimšu[nu]

ŠT E 2 (62)   [7] Nabûšallimšunu, der Wagenlenker, Mannukībābili, der Sohn des Nabûšal-
                [limšunu]

D1 5 und E 2 sind, soweit erhalten und mit Ausnahme einer Schreibvariante[261] identisch.

ŠT D1 6 (63)   [25'][Die Sö]hne des Eazērqīša von Bīt-Amukk[ani]

ŠT E 3 (63)   [8]Die Söhne des Eazērqīša von Bīt-Amukkani

D1 6 und E 3 sind, soweit erhalten, identisch.

Die vier Vorschläge erwähnen Babylonier. Auf beiden Tafeln stehen sie im selben Kontext, nämlich zwischen Vorschlägen, die sich Raum M (Platten 12-13) zuordnen lassen. D1 5 und E 2 nennen zwei Babylonier, D1 6 und E 3 galten einer Darstellung von mehreren Babyloniern. Die beiden Paare können sich nicht auf die selbe Personengruppe beziehen - das schliessen die genealogischen Angaben aus.[262] Auf der Darstellung in Raum M (Platte 12) lassen sich zwei Personengruppen feststellen: Unmittelbar hinter dem elamischen König stehen zwei Männer in babylonischer Tracht - der vordere etwas grösser und an Gesicht und Kopf behaarter, der andere kleiner und weniger behaart.

---

[260] Borger 1996: 233 (Sippar, Babel, Borsippa und Kutha).
[261] Für die Schreibvarianten vgl. Borger 1996: 312.
[262] Mannukībābili ist Sohn des Nabûšallimšunu, während die anderen Personen als Söhne des Eazērqīša bezeichnet sind.

Wahrscheinlich handelt es sich hierbei um Nabûšallimšunu und seinen Sohn - letzterer durch weniger Haar und seine kleinere Gestalt als jünger dargestellt.[263] Direkt darüber, auf der obersten Standlinie, ist eine weitere Gruppe von drei Babyloniern dargestellt, die die Insignien des babylonischen Königs präsentieren. Bei ihnen könnte es sich um die Söhne des Eazērqīša handeln, doch fehlen zwingende Hinweise.

6.1.5. Hinrichtungen

Eine Aufzählung von Hinrichtungen findet sich in den Annalen im Anschluss an Assurbanipals vierten Feldzug nach Elam. Ziel der Kampagne war, abgesehen von der Bestrafung der am babylonischen Aufstand beteiligten Orte, den Flüchtling Tammaritu auf den elamischen Thron zu setzen.[264]

Nabûzērukīn

ŠT D1 2 (59) ^{6}[Na]bûzērukīn, Sohn des Nabûšum[   ] ^{7}[Diener], der mein Gesicht [nicht?] [sch]aute ^{8}[der sich mit] Šamaššumu[kīn] abge[sprochen hatte] ^{9}[seine Hände, die] den Bogen [zum Kam]pf mit meinen Truppen ergrif[fen hatten] ^{10}[mit Feuer ver]brannte ich und danach [ ] ihn und zog seine Haut ab.

Die Hinrichtung Nabûzērukīns, wohl ein Verbündeter Šamaššumukīns, wird weder in den Annalen erwähnt, noch ist uns eine passende Darstellung erhalten.

Weitere Bestrafungen

ŠT D2 5 (60)   ??? ^{1}des untr[euen] Bruders,[   ] ^{2}seine Hände, die den B[ogen ergriffen hatten]. ^{3}Mit Feuer ver[brannte   ] ich [   ]

ŠT D1 3 (60) ^{11}[des] Šamaššumukīn, ^{12}[   ] Bīt-Dakuri, ^{13}[mit] meinen [Truppen]. ^{14}[   ] seine [Haut] zog ich ab

ŠT D1 1 (58) ^{2}[   ] lebendig mit meinen Händen ^{3}[   ] ihre Eingeweide riss ich aus ^{4}[   ] ihre [   ] schnitt ich ab, ^{5}[   ] ihre [Haut] zog ich ab, [ihr] Fleisch liess ich die [Ge]ier fressen.

Vorschläge D2 5 und D1 3 ergänzen sich oder gehören sogar zur selben Tafel. Bīt-Dakuri wird in Prisma C erwähnt.[265] Nach den Pluralen in D1 1 sollte die Hinrichtung mehrerer Leute gezeigt werden. Allerdings ist unklar, welche Personen oder Gruppen gemeint sind. Die anderen Vorschläge der Tafel liessen sich Raum M des Nordpalastes zuordnen und vielleicht gehören auch diese

---

[263] Vgl. AHW III, 1087-1089.
[264] Borger 1996: 236-239; Gerardi 1987: 193-194.
[265] Borger 1996: 236.

Vorschläge zu Darstellungen in Raum M. Allerdings sind uns keine passenden Darstellungen erhalten - eine klare Zuordnung ist daher nicht möglich.

6.1.6 Araber

Wie die Annalen berichten, sorgte in Amurru Ammuladi, König von Qedar, für Unruhe. Gegen ihn ging Kamashaltā, der assyrientreue König von Moab, vor. Ammuladi wird besiegt und zusammen mit Aṭija, der Gattin des Uaite', des Königs von Arabien, gefangengenommen und nach Assyrien gebracht.[266]

Ammuladi

ŠT A 8 (79)   ¹[Ic]h (bin) Assurbanipal [ABGEBROCHEN   ] ²den durch den Beistand Assurs und Išt[ars ABGEBROCHEN   ]

ŠT J 2 (79)   ⁸Ich (bin) Assurbanipal, der König von Assyrien. ⁹Ammuladi, den König von Qadri, ¹⁰den durch den Beistand Assurs und Ištars ¹¹meine Hände ¹⁰über[wältigt hatten], ¹¹liess man vorüberziehen? [ ].

A 8 und J 2 sind mit Ausnahme einer Schreibvariante[267], soweit erhalten, identisch. Allerdings sind die in A 8 erhaltenen Reste ziemlich allgemeinen Inhalts. Der Vorschlag kann durch Parallelität von A 9 / J 3 bzw. A 8 / J 2 hierher zugeordnet werden.

ŠT A 9 (80)   ³Ich (bin) Assurbanipal, der König von Assyrien, de[r au]f Geheiss der grossen Götter [ ] ⁴alle seine Wünsche erreichte. Mit Ammul[adi ABGEBROCHEN   ] ⁵[ ] nach Ninive, der Stadt meiner Herrschaft, freudig [ein].

ŠT J 3 (80)   ¹Ich (bin) Assurbanipal, [ ] ²der auf Geheiss der grossen Götter die Fein[de] ³alle seine Wünsche erreichte. Mit Am[muladi,] ⁴den meine Hände überwältigt hatten, ⁵zog ich ⁴nach Nini[ve], ⁵der Stadt meiner Herrschaft, [fre]udig ein.

A 9 und J 3 sind bis auf einige Schreibvarianten[268] identisch. Beide handeln vom Einzug in Ninive nach dem Sieg über Ammuladi.

ŠT J 1 (78)   ²[die] Aufstand und Revolte ge[macht hatten], ³[die] meine Hände [überwältigt]en ⁴[liess....ich] sie und um die Stärke Assurs und Ninlils ⁵[zu zeigen,?] liess ich sie auf Kamelen sitzen. ⁶ ... Mücken summten mit den Bewohnern Assyriens, ⁷die vor mir Freudengesang anstimmten.

Vorschlag J 1 kann durch die ihm folgenden Vorschläge ebenfalls in den Kontext der Araberkämpfe verwiesen werden. Der darauf folgende Vorschlag J 2

---

[266] Borger 1996: 244, 246; Zu den Araberkämpfen s. Weippert 1973-1974.
[267] Für die Schreibvarianten vgl. Borger 1996: 317 f.
[268] Für die Schreibvarianten vgl. Borger 1996: 318.

handelt von Ammuladi, mit dem ein Siegeseinzug nach Ninive gemacht wurde.
J 1 sollte wahrscheinlich dasselbe Ereignis beischreiben.
Durch die Unterschrift auf Tafel J werden die Vorschläge dem östlichen Flügel des Nordpalastes zugeordnet, zu dem auch Raum L mit dem Araberzyklus
gehört. Eine passende Darstellung ist allerdings nicht erhalten.

Aṭija

ŠT A 10 (81) ⁶'Ich (bin) Assurbanipal, König von Assyrien. Aṭija, die Kön[igin   ] ⁷ mit ihrer Beute überwältigten auf Geheiss Assurs und Ištars [meine Hände]

ŠT A 11 (82) ⁸'Der Aṭija, Königin von Arabien, [bereitete ich   ] ein Gemetzel [   ] ⁹'ihre
Zelte verbrannte ich mit Feuer. Sie selbst [ergriff ich] lebendig

In Raum L des Nordpalastes (Platte 9) sind brennende Araberzelte dargestellt,
wie sie in Vorschlag A 11 beschrieben werden.²⁶⁹ A 10 könnte ein alternativer
Voschlag zu A 11 sein, betrifft aber zumindest ebenfalls eine Darstellung zum
Sieg über Aṭija.
Alle anderen Vorschläge lassen sich m.E. nicht zuordnen.²⁷⁰

6.1.7. Zusammenfassung der identifizierten Szenen und Episoden

Nordpalast
Südlicher Flügel

Die dem südlichen, nicht ausgegrabenen Flügel zugeordneten
Vorschläge, lassen dort einen weiteren Elam-Zyklus vermuten, der die Ereignisse während der 3. Kampagne gegen Elam²⁷¹
gezeigt hat. (Vorschläge ŠT C 3-4 und alle Vorschläge der
Tafeln G, H1 und H2).

Östlicher Flügel
Raum L (Platte 9)

Die Zelte der Araber werden verbrannt. (A 11)

M (Platten 12-13; Übersicht 5)
obere Standlinie

Die Insignien Šamaššumukīns und die Beute aus seinem Palast werden herbeigebracht. (NB 3, D1 4, D2 6, E 1, VAT I 2,
A 2, Annalen)

---

²⁶⁹ Barnett 1976: Pl. XXXIII. Allerdings muss es sich bei den Darstellungen in Raum L nicht
um diese Kämpfe gegen die Araber handeln. In Frage kämen auch die früheren Kämpfe
gegen Jauta', die gemäss den Annalen zu ähnlichen Verwüstungen der Araberzelte führten.
Vgl. Borger 1996: 243-245.

²⁷⁰ Vorschläge ŠT B 3, ŠT D2 1 (53), ŠT VAT II 1 (S. 318), ŠT VAT II 2 (S. 319), ŠT VAT II 3,
ŠT VAT II 4 (S. 319).

²⁷¹ Gerardi 1987: 158-180.

Die babylonischen Königsinsignien werden vielleicht von den
Söhnen des Eazērqīša gehalten. (D1 6, E 3)

mittlere Standlinie

Tammaritu unterwirft sich Assurbanipal. (A 1, A 7, B 1, B 2,
D1 8, D2 4, F 1, J 4, Annalen)
Ganz links aussen werden von zwei Assyrern die Bogen
Tammaritus verbucht. (D1 7, E 4, Annalen)
Nabûšallimšunu und sein Sohn Mannukībābili stehen unmit-
telbar hinter dem elamischen König. (D1 5, E 2)

untere Standlinie

Links: Die *Hialu*-Truppen des Šamaššumukīn - ihre Ausrü-
stung auf Wagen geladen - werden herbeigeführt. (A 3, C 1)
Rechts: Die Bewohner der mit Šamaššumukīn verbündeten
Städte werden vorgeführt. (A 4-6, D2 2-3, C 2, Annalen)

Falls sie je ausgeführt wurden, sind ausserdem folgende Darstellungen in Raum
M, dem Thronsaal des Nordpalastes, zu vermuten:
Ereignisse um die Schlacht bei Mangisu (VAT I 1), Hinrichtung des
Nabûzērukīn (D1 2) und die Bestrafungen weiterer Personen (D2 5, D1 1, D1 3).

6.2. DIE BEZIEHUNGEN ZWISCHEN DEN TAFELN MIT DEN BEISCHRIFTENVORSCHLÄGEN

Tafel A

Die Vorschläge der Vorderseite von Tafel A beziehen sich auf Tammaritus
Unterwerfung (A 1) und die besiegten Truppen (A 3) und Verbündeten (A4 bis
A 6) bzw. die Beute aus der Niederlage Šamaššumukīns (A 2). Sie können
Raum M (Platten 12-13) des Nordpalastes zugewiesen werden.
Die Vorschläge der Rückseite von Text A (A 9 bis A 11) betreffen die Darstel-
lung der Kämpfe gegen die Araber in Raum L. Als Varianten derselben Szene
lassen sich A 1 und A 2, A 3 bis A 6 bzw. A 8 und A 9 auffassen. Text A gehört
folglich zum Brainstorming zu den Darstellungen in den Räumen L und M des
Nordpalastes.

Tafel B

Der Text ist vierkolumnig. Die Vorschläge B 1 in Kolumne I und B 2 in Kolumne II handeln von der Unterwerfung Tammaritus und seiner Familie, B 3
von den aufständischen Verbündeten Šamaššumukīns. Diese Vorschläge gehören zur Darstellung in Raum M (Platten 12-13). Kolumne III ist zu zerstört,
um behandelt zu werden. Sämtliche Vorschläge von Kolumne IV (B 4 bis B 8)
nennen Elamer, die keiner Darstellungen zugeordnet werden konnten. Durch

die Unterschrift in Kolumne IV werden sie dem südlichen Flügel des Bīt-ridûti, des Nordpalastes, zugewiesen - einem nicht ausgegrabenen Bereich. Varianten von Vorschlägen lassen sich in diesem Text nicht ausmachen. Da auf dieser Tafel Vorschläge für mehrere Gebäudeflügel vereint sind, nämlich für den unbekannten südlichen Flügel und - mit Raum M - den östlichen Flügel, könnte sie eine Sammeltafel sein. Dafür würde auch die Anzahl der Kolumnen sprechen, denn beim TD-Zyklus hatte nur die grosse Sammeltafel (A1 und A2) vier Kolumnen.

Tafel C

Die Vorschläge C 1 und C 2 auf der Vorderseite der Tafel gehören vermutlich zur Darstellung der gefangenen Verbündeten Šamaššumukīns in Raum M (Platten 12-13). Auf der Rückseite handeln Vorschläge C 3 und C 4 von der Schlacht, in der Ummanigaš besiegt wurde. Wir haben es hier mit zwei verschiedenen Themenkreisen zu tun, was folgende Schlüsse zulässt:
1. Die Tafel vereint Vorschläge zu zwei verschiedenen Zyklen zweier verschiedener Räume d.h. Raum M und ein unbekannter Raum.
Oder:
2. Die Tafel trägt Vorschläge zu einem einzigen Raum, durch C 1 und C 2 als Raum M identifizierbar.
Da Raum M ist der Thronsaal ist, ein Raum also, in dem traditionell verschiedenste Ereignisse aus der Regierungszeit eines Königs angebracht wurden[272], dürfte ein Nebeneinander verschiedener Themenkreise auf derselben Tafel kaum verwundern. Für eine genauere Zuordnung bietet der Text allerdings zu wenige Anhaltspunkte.

Tafel D1

Die Tafel ist vierkolumnig. In der erhaltenen zweiten Kolumne handeln Vorschläge D1 1 bis D1 3 von Bestrafungen, D1 4 von der Beute aus dem Palast Šamaššumukīns, D1 5 und D1 6 erwähnen zwei Gruppen mit Bablyoniern, während D1 7 vermutlich von den Bogen Tammaritus handelt. Vorschlag D1 8 in der dritten Kolumne handelt von der Unterwerfung Tammaritus und seiner Familie, D1 9 vom Verrat und von der Flucht eines Königs, wahrscheinlich Ummanigašs.[273] D1 4 findet sich als Beischrift in Raum M (Platte 13) umgesetzt, die Folge von Vorschlägen D1 4 bis D1 7 findet sich auch auf Tafel E. Drei Themenkreisen lassen sich feststellen: Die Vorschläge D1 4 bis D1 8 gehören zur Darstellung von Tammaritus Aufgabe in Raum M (Platten 12-13). Zu den Vorschlägen zu Bestrafungsszenen D1 1 bis D1 3 ist keine passende

[272] Vgl. Winter 1981: 26.
[273] Borger 1996: 313 f.

Darstellung erhalten, genausowenig zu Vorschlag D1 9 zum Thema Ummanigaš. Der einzige Raum, der mit den Vorschlägen in Verbindung gebracht werden kann, ist Raum M - der Thronsaal, wodurch auch das Nebeneinander verschiedener Themenkreise auf der Tafel erklärbar wäre (vgl. Tafel C). Fehlen würden uns die Darstellungen zu Ummanigašs Flucht in die Berge und zu den Bestrafungen diverser Personen. Die Vierkolumnigkeit lässt die Tafel ebenfalls als Sammeltafel erscheinen (vgl. Tafel B).

Tafel D2
Der Text ist vierkolumnig. Aus Kolumne I liessen sich Vorschläge D2 2 bis D2 4 (Šamaššumukīns Verbündete und Tammaritus Aufgabe) und D2 6 (Beute nach dem Sieg über Šamaššumukīn) der Darstellung in Raum M (Platten 12-13) zuordnen. Die Vorschläge dieser Tafel scheinen sich also auf den Themenkreis zu beziehen, der sich in Raum M befindet. D2 2 und D2 3 scheinen variierende Vorschläge zu einer einzigen Darstellung zu sein. Da sich Tafeln D1 und D2 ergänzen und vermutlich zusammen gehören, können sie als Teile einer Sammeltafel mit Vorschlägen zu Raum M betrachtet werden.

Tafel E
Tafel E enthält keine variierenden Vorschläge zu einer Szene, sondern jeder Vorschlag kann einer bestimmten Szene von Raum M (Platten 12-13) zugewiesen werden. Vorschlag E 1 findet sich mit Auslassungen auch als Beischrift NB 3 wieder. Somit hat diese Tafel vermutlich als Vorlage für geplante Beischriften zu dieser Darstellung gedient. Dass sich nur ein Vorschlag umgesetzt findet, könnte mit den Platzverhältnissen auf dem Relief zusammenhängen.

Tafel F
F 1 handelt von der Unterwerfung Tammaritus und lässt sich Raum M (Platten 12-13) zuordnen. F 1 und F 2 finden sich auf Tafel D1 als Vorschläge D1 8 und D1 9 wieder. Für eine sichere Zuordnung ist zu wenig erhalten

Tafel G
Sämtliche Vorschläge von Tafel G betreffen Ereignisse um Tammaritus Aufstand gegen Ummanigaš und seine Flucht. Dass uns dazu keine passenden Reliefs überliefert sind, ist erklärbar: Die Unterschrift weist die Vorschläge - zumindest diejenigen der Rückseite der Tafel - dem nicht ausgegrabenen südlichen Flügel des Nordpalastes, dem Bît-ridûti, zu. Einige der Vorschläge könnten als Varianten derselben Darstellung gegolten haben: G 1, G 6 und G 7 zum Ende Ummanigašs, G 3, G 4 und G 5 zur Flucht Ummanigašs. Dadurch lässt sich die Tafel zumindest dem Brainstorming zuordnen. Da sich sämtliche Vorschläge der Tafeln H1 und H2 als G 3 bis G 5 auf dieser Tafel wiederfinden,

könnte Tafel G als Sammeltafel zum südlichen Flügel des Nordpalastes bezeichnet werden.

Tafel H1

Alle Vorschläge von H1 behandeln Tammaritus Flucht im Schiff. Sie finden sich auf Tafel G als Vorschläge G 3 bis G 5 wieder. Da die Vorschläge Varianten zum gleichen Thema sind, möchte ich Text H1 dem Brainstorming zum südlichen Flügel des Nordpalastes zurechnen.

Tafel H2

Auch die Vorschläge dieser Tafel betreffen Tammaritus Flucht in die Sümpfe. Beide erhaltenen Vorschläge finden sich in gleicher Reihenfolge auf Text G wieder (G 3 und G 4). Da es sich hier ebenfalls um Varianten handelt, möchte ich die Tafel ebenfalls zum Brainstorming zum südlichen Flügel rechnen.

Tafel J

Vorschläge J 1 bis J 3 der Tafel hängen mit den Araberkämpfen zusammen und erzählen vom Einzug Ammuladis in Assyrien bzw. Ninive. Die Unterschrift weist diese drei Vorschläge den Wänden im östlichen Flügel zu - wahrscheinlich in Raum L. Vorschlag J 4 steht nach der Unterschrift und gehört auch in einen anderen Kontext, nämlich zur Unterwerfung Tammaritus. Er gehört zu den Darstellungen in Raum M (Platten 12-13) , der sich aber ebenfalls im östlichen Flügel befindet.
J 1 und J 2 könnten problemlos zur selben Darstellung gehören, also Varianten sein. J 4 ist ein Vorschlag, der sich zwar auf die Darstellung in Raum M bezieht, dort aber nicht umgesetzt wurde. Er findet sich aber auf Tafel B - einer Sammeltafel - wieder. Vermutlich gehört Tafel J zum Brainstorming für die Räume des östlichen Flügels.

Tafel VAT I

VAT I 1 gehört zum 3. Feldzug gegen Elam, genauer zur Schilderung der Schlacht bei Mangisu. Vorschlag VAT I 2 stellt eine Variante zu den Vorschlägen um die Beute nach der Niederlage Šamaššumukīns dar. Da es sich dabei kaum um eine Vorlage zu Beischrift NB 3 handeln kann - Assur und Ninlil werden genannt -, lässt sich die Tafel nur einer der beiden anderen Tafelgruppen - Brainstorming oder Sammeltafel - zu Raum M zuordnen. Für genauere Zuweisungen ist allerdings zu wenig erhalten.

Tafel VAT II

Während des 5. Feldzugs gegen Elam wird Susa zerstört und geplündert. Was von Vorschlag VAT II 6 erhalten ist, macht eine Zuweisung zu diesem Ereignis möglich, da hier wie im Annalentext von Verwüstungen in Elam und vom Gott Lagamaru gesprochen wird.[274] Worauf sich die anderen Vorschläge beziehen, ist mir unklar.

Der Arbeitsprozess lässt sich folgendermassen rekonstruieren:

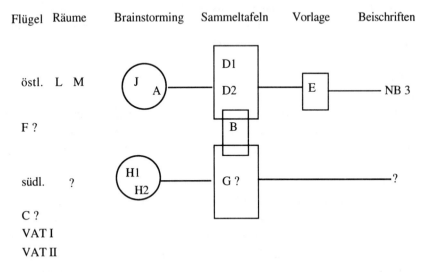

Ähnlich wie bei den Tafeln mit den Beischriftenvorschlägen zum TD-Zyklus, lassen sich auch bei den Tafeln mit den Vorschlägen zum ŠT-Zyklus verschiedene Etappen des Arbeitsprozesses rekonstruieren, der zu den Beischriften auf den Reliefs führte. Die Tafeln lassen sich zwei Gruppen zuordnen: Die eine Gruppe galt der Planung des östlichen Flügels des Nordpalastes -- genauer den Räumen L und M. Die andere Gruppe galt dem südlichen Flügel des Palastes, der allerdings nicht ausgegraben ist.

[274] Borger 1996: 241.

7. Schluss

Die Untersuchung der Tafeln mit den Beischriftenvorschlägen zum Ulai- bzw. Šamaššumukīn-Tammaritu-Zyklus ermöglichte die Identifikation einiger nicht beigeschriebener Szenen der Reliefzyklen von Raum XXXIII des Südwestpalastes, sowie der Räume I und M des Nordpalastes. Weitere Vorschläge scheinen zu nicht erhaltenen Darstellungen von Raum M und dem nicht ausgegrabenen südlichen Flügel des Nordpalastes zu gehören. Ausserdem gewährten die Tafeln einen Einblick in die Vorgehensweise bei der Planung assyrischer Reliefs. Im Brainstorming wurden variierende Vorschläge zu einer Szene einer Darstellung gemacht, die danach auf Sammeltafeln zusammengetragen und dem König zur Auswahl vorgelesen wurden. Die ausgewählten Vorschläge wurden dann auf weitere Tafeln kopiert, die als Vorlage für eine Beischrift auf den Reliefs dienten. Vor der bereits gearbeiteten Darstellung wurde schliesslich anhand des vorhandenen Platzes entschieden, ob und wie der Text als Beischrift angebracht wurde. Bei Platzproblemen wurden noch Veränderungen vorgenommen, Zeichen sinnvoll geändert oder weggelassen oder die Zeilenzahl der Beischrift dem vorhandenen Platz angepasst. Ein wichtiger Teil des Arbeitsprozesses zu den assyrischen Reliefs lässt sich somit fassen.

Die Betrachtung der Reliefs zur Ulai-Schlacht und die Identifikation der dargestellten Szenen zeigten, dass der Zyklus von Raum XXXIII des Südwestpalastes die wohl komplexeste Darstellung eines historischen Ereignisses in der assyrischen Reliefkunst ist. Er bedient sich nicht nur neuer Bildelemente, sondern auch einer vollkommen neuen und in Assyrien einmalig gebliebenen Erzählstruktur. Das Register mit der Schlacht zeigt unterschiedliche Zeitpunkte eines topographischen Ortes, dasjenige mit den Hinrichtungen unterschiedliche Orte und Zeitpunkte. Dadurch wird etwas völlig Neues in die assyrische Reliefkunst eingeführt, deren Darstellungen sich sonst an eine Einheit von Raum und Zeit hielten.

Der Grund zu dieser Neuerung lässt sich im Zusammenhang mit der Form der Annalen unter Assurbanipal verstehen: Hier werden in den einzelnen *girru*-Abschnitten kausal zusammenhängende Ereignisse zusammen erzählt. Dasselbe Prinzip legte man nun auch der Schlachtdarstellung von Raum XXXIII des Südwestpalastes zugrunde, auf der verschiedene zeitliche und räumliche Ebenen eines Ereignisses gezeigt werden.[275] Sie stellt den Versuch dar, die in den Annalen gebräuchliche Form ins Bild umzusetzen. Doch die Darstellung von Raum XXXIII blieb einmalig: Zuviel Information, zu viele historische Details ohne den gewohnten linearen Erzählfaden, ohne chronologische Abwicklung von Szene zu Szene wurden gezeigt. Die Darstellung blieb schwer

---

[275] Vgl. Tadmor 1981: 21; Gerardi 1987: 233 ff.

verständlich, trotz der Idee der Künstler, den Betrachter mit Lesehilfen durch die Handlung zu führen. Die Aussage der Darstellung ging in dieser räumlichen und zeitlichen Vielschichtigkeit unter, wodurch historische und damit auch ideologische Aussagen den Betrachter nicht erreichen konnten. Diese Darstellungsform blieb ein Experiment.

Im Nordpalast wurde schliesslich in einigen Räumen ein neues Konzept umgesetzt: Die Registerzahl der Reliefplatten wurde auf drei erhöht, wodurch sich mehr Szenen auf einer Wand darstellen liessen. Detailliert, linear und chronologisch aneinandergereiht, erzählen sie einfacher nachvollziehbar ein Ereignis.

Die Frage nach der Herkunft der Innovationen - Bildelemente und Erzählstruktur - führte uns zu den Darstellungen der Qadeš-Schlacht Ramses'II. Aus dem vorübergehend assyrisch besetzten Unterägypten sind uns zwar keine Darstellungen erhalten, doch hätten sie - nimmt man deren wahrscheinliche Existenz an - in der Zeit der Besatzung durchaus rezipiert werden können. Überliefert sind uns nur Darstellungen aus Oberägypten - diesem Rezeptionsweg soll deshalb vorerst der Vorzug gegeben werden: Bei der Plünderung Thebens durch Assurbanipal - die Untersuchung zeigte, dass alle Innovationen auf beiden Darstellungen des Ramesseums zu finden sind - wurden Darstellungen der Qadeš-Schlacht gesehen und rezipiert. Die Anzahl der Bildelemente, die den Darstellungen der Schlachten am Ulai bzw. bei Qadeš gemeinsam sind, ihr Auftreten erst nach Assurbanipals Ägypten-Feldzügen, lassen kaum an eine zufällige Verwandschaft glauben.[276]

[276] Interessant in diesem Zusammenhang wäre eine erneute Betrachtung der Löwen- und Tierjagden Assurbanipals mit Blick auf den oft erwogenen ägyptischen Einfluss. Vgl. Breasted 1932; Frankfort 1954

8. Anhang

Beischriften auf den Reliefs

Es folgt eine Übersetzung der in der Arbeit erwähnten Beischriften aus dem Südwest- bzw. Nordpalast, sowie der Beischrift auf separater Platte zum Ulai-Zyklus.[277] Die Angaben zu Photos (P), Trankriptionen (T) und Übersetzungen (Ü) stehen bei jeder Beischrift. In Klammern steht die Szene zu der Beischrift gehört.

Südwestpalast, Raum XXXIII

SWB 1 (Szene 13)
Barnett - Lorenzini 1975. Tf. 151. (P); Gerardi 1987: 274 (T+Ü); Gerardi 1988: 29 (T+Ü); Streck 1916: 312 f. (T+Ü)
¹ Kopf des Teum[man,   ]
² den inmitten der Schla[cht   ]
³ ein gemeiner Soldat meiner Truppe ²[   ].
⁴ Als Freudenbot[schaft] sandte man ihn eiligst nach As[syrien].

SWB 2 (Szene 29)
Barnett - Lorenzini 1975: Tf. 140 (P); Barnett - Forman o. J.: Tf. 123 (P); Gerardi 1987: 274 f. (T+Ü); Gerardi 1988: 30 (T+Ü); Weidner 1932-1933: 182 f. (Ü); Streck 1916: 314 f. (T+Ü)
¹ Urtaku, der "Verschwägerte" des Teumman,
² der (zwar) durch einen [Pf]eil verwundet worden war, das Leben (aber) nicht beendet hatte, ⁴rief,
³ um seinen eigenen Kopf abzusch[neiden], einen Assyrer
⁴ folgendermassen: "Komm, schneid' ab den Kopf!
⁵ Bringe ihn vor den König, deinen Herrn, und empfange (dafür) einen guten Namen!"

SWB 3 (Szene 19)
Barnett - Lorenzini 1975: Tf. 142 (P); Gerardi 1987: 275 (T+Ü); Gerardi 1988: 30 (T+Ü); Weidner 1932-1933: 175 ff.; Streck 1916: 312 f. (T+Ü); Borger 1996: 297
¹ Teumman ²sprach ¹in Verzweiflung
² zu seinem Sohn:
³ "Hebe den Bogen!"

SWB 4 (Szene 20/21)
Barnett - Lorenzini 1975: Tf. 144 (P); Barnett - Forman o. J.: Tf. 124 (P); Gerardi 1987: 276 (T+Ü); Gerardi 1988: 31 (T+Ü); Weidner 1932-1933: 178 f. (Ü); Streck 1916: 312 f. (T+Ü); Borger 1996: 297
¹ Teumman, der König von Elam, der in der mächtigen Schlacht
² verwundet worden war (und) Tam(ma)ritu, sein ältester Sohn,
³ der seine Hände ergriffen hatte; um ihr Leben zu retten,

---

[277] Die Übersetzung, der in der Arbeit untersuchten Beischriften und Vorschläge basiert hauptsächlich auf: Borger 1996, Gerardi 1987 bzw. 1988, Weidner 1932-1933, Streck 1916.

⁴ flohen sie und "schlüpften" in den Wald.
⁵ Durch den Beistand Assurs und Ištars tötete ich sie.
⁶ Ihre Köpfe schnitt ich ihnen einander gegenüber ab.

SWB 5 (Szene 49)
Barnett - Lorenzini 1975. Tf. 152 (P); Gerardi 1987: 276 f. (T+Ü); Gerardi 1988: 31 (T+Ü);
Weidner 1932-1933: 184 f. (Ü); Streck 1916: 316 f. (T+Ü); Borger 1996: 298
¹ Dem ᴾᴺ LEERRAUM und ᴾᴺLEERRAUM, die vor Assur,
² dem Gott, meinem Erzeuger, grosse Unverschämtheiten sprachen,
³ riss ich ihre Zunge aus, zog ich ihre Haut ab.

SWB 6 (Szene 64)
Barnett - Lorenzini 1975. Tf. 156 (P); Gerardi 1987: 277 (T+Ü); Gerardi 1988: 32 (T+Ü); Weidner
1932-1933: 182 f. (Ü); Streck 1916: 314 ff. (T+Ü)
¹ [Umman]igaš, den Flüchtling, den Diener, der meine Füsse ergriffen hatte,
⁴ liess ²auf meinen Befehl
³ mein *Šūtrēši*, den ich gesandt hatte, ²in Freuden in Madaktu ³und Susa
⁴ eintreten und
⁵ auf den Thron des Teum[man], den meine Hände über[wältigt hatten], ⁴sitzen.

SWB 7 (Szene 60)
Gerardi 1987: 278 f. (T+Ü); Gerardi 1988: 32 f. (T+Ü); Weidner 1932-1933: 188 f. (Ü); Streck
1916: 316 ff. (T+Ü); Borger 1996: 298
¹ [I]ch (bin) Assurbanipal, der König der Gesamtheit, der König von Assyrien,
² [der] mit dem Beistand Assurs und der Ištar, meiner Herren, meine [Feinde]
³ überwältigte. Ich erreichte alle meine Wünsche. [Ru]sa,
⁴ der König von Urar[tu], hörte von der Macht Assurs, meines Herrn, und
⁵ die Furcht vor meinem Königtum warf ihn nie[der], und er sandte seine Vornehmsten
⁶ nach Arbela, um sich nach meinem Wohlbefi[nden] zu erkundigen.
⁷ Nabûdamiq und Umbadarā, die Vornehmsten von Elam,
⁸ stellte ich mitsamt den Tafeln mit der frechen [Bot]schaft vor ihnen auf.

SWB 8 (Szene 66)
Barnett - Lorenzini 1975. Tf. 159 (P); Gerardi 1987: 279 (T+Ü); Gerardi 1988: 33 (T+Ü); Streck
1916: 316 ff. (T+Ü); Borger 1996: 298.
¹ Madaktu

Nordpalast, Raum I
NB 1 (Szene 1)
Barnett 1976: 42 (T+Ü) und Pl. XXIV (P); Barnett - Forman o. J.: Tf. 128 (P); Gerardi 1987: 263
(T+Ü); Gerardi 1988: 22 f. (T+Ü); Weidner 1932-1933: 182 f. (Ü); Streck 1916: 314 f. (T+Ü)
¹ Ituni, der *Šūtrēši* des Teumman, des Königs von Elam,
² den er herausfordernd immer wieder vor mich geschickt hatte,
³ sah meine mächtige Schlacht und mit seinem Gürtelschwert
⁴ durchschnitt er mit seinen eigenen Händen den Bogen, das Wesenszugehörige seiner Arme.

NB 2 (Szene 33)
Barnett 1976: 43 (T+Ü); Gerardi 1987: 263 (T+Ü); Gerardi 1988: 23 (T+Ü)
¹ Arbela

Nordpalast, Raum M
NB 3
Barnett 1976: 47 (T+Ü) und Pl. XXXV (P) ; Gerardi 1987: 264 f. (T+Ü); Gerardi 1988: 23 f. (T+Ü); Weidner 1932-1933: 196 f. (Ü)

1 Ich (bin) Assurbanipal, der König der Gesamtheit, der König von Assyrien,
2 der auf Geheiss der grossen Götter
3 die Wünsche seines Herzens ¹erreichte. Die Kleidung und den Schmuck,
4 was zum Königtum des Šamaššumukīn,
5 des untreuen Bruders, ⁴gehörte, seine Haremsfrauen, seine [*Šūt*]*rēši*,
6 seine Schlachttruppen, den Wagen, den Prunkwagen, sein herrschaftliches [Ge]fährt,
7 den ganzen Bedarf seines Palastes, soviel [vor]handen war,
8 Leute, männlich und weiblich, klein und gross,
9 liess man an mir vorüberziehen.

RELIEFBEISCHRIFTEN AUF SEPARATEN PLATTEN

BSP 1
Borger 1996: 299; Gerardi 1987: 280 f. (T+Ü); Gerardi 1988: 34(T+Ü); Weidner 1932-1933: 184 f. (Ü)

1 Niederlage der Truppen des Teumman, des Königs [   ]
2 die in Til-Tubu Assurbanipal,[   ]
3 der König der Gesamtheit, der König von Assyrien, ohne Zahl [   ]
4 Leichen [   ] Kr[ieger] hinwarf.

DIE TAFELN MIT BEISCHRIFTENVORSCHLÄGEN ZUM TEUMMAN-DUNANU-ZYKLUS

Es folgen die Texte in Übersetzung.[278] Die Wort- und Satzstellung folgen dem sich aus der Partitur ergebenden Text. Die Vorschläge sind wie auf den Tafeln durch einen Strich voneinander getrennt. Um in der Arbeit den Verweis zu erleichtern, folgt die Zählung der Vorschläge, nicht derjenigen Weidners (1932-1933) oder Borgers (1996), sondern die Vorschläge werden, auf jeder Tafel neu durchgezählt. In den Klammern ist die Zählung nach bzw. die Seite bei Borger 1996 angegeben.

---

[278] Bei den Tafeln mit den Beischriftenvorschlägen bin ich Borgers Transkription (Borger 1996: 297-319) gefolgt, ausser an den Stellen an denen Smith noch mehr gelesen hat. Auch die sind bei Borger 1996 angegeben. Ausserdem wurden verwendet: Gerardi 1987 bzw. 1988; Borger 1970; Weidner 1932-1933: 175-191; Streck 1916: 321 ff.. An dieser Stelle sei Prof. Dr. R. Borger gedankt, der mir freundlicherweise Auszüge aus seinem mir anfänglich noch nicht zugänglichen Werk zur Verfügung stellte. Da er die Texte neu kollationiert hat, gebe ich in den Fällen, wo in der Lesung der Zeichen eine Diskrepanz zwischen dem in CT 35 veröffentlichten und seinem Text auftaucht, seiner Lesung den Vorzug.

Tafel A1

Kol. I
[1] Hauptmacht des Assurbanipal, des Königs von Assyrien,   **TD A1 1 (1)**
[2] die [3]ich [2]mit Ummanigaš, dem Sohn des Urtaku, des Königs von Elam,
[3] dem Flüchtling, der die Füsse meiner Majestät ergriffen hatte, zur Eroberung Elams aussandte.

---

[4] Simburu, der *Nagiru*[I] von Elam, hörte von dem Kommen meiner Truppen,   **TD A1 2 (2)**
[5] fürchtete die Nennung meines Namens, kam vor meinen Abgesandten und küsste meine Füsse.

---

[6] Umbakidennu, den *Nagiru*[I] von Ḫidalu,   **TD A1 3 (3)**
[7] der den Kopf des Ištarnandi, des Königs von Ḫidalu bringt (und)
[8] Zineni, seinen Palastvorsteher, bildete ich gleichzeitig[279] in der unteren Reihe ab.
[9] Die Macht Assurs, meines Herrn, und die Furcht vor meiner Majestät warf sie nieder.
[10] Die Köpfe der mir nicht unterwürfigen Fürsten Elams schnitten sie ab,
[11] warfen sie vor meine Grossen und ergriffen die Füsse meiner Majestät.

---

[12] Schlachtreihe, die Assurbanipal, der König von Elam(!),   **TD A1 4 (4)**
[13] gegen Teumman, den König von Elam, aufstellte und die die Niederlage Elams bewirkte.

---

[14] Teumman, der König von Elam, sah die Niederlage seiner Truppen und,   **TD A1 5 (5)**
[15] um sein Leben zu retten, floh er und raufte seinen Bart.

                                                                    TD A1 6 (6)
[16] LEERRAUM, der Sohn des Teumman, des Königs von Elam, der aus der Niederlage entfloh,
[17] sein Gewand zerriss und zum Vater, seinem Erzeuger,
[18] sprach: "Vertreib', halte nicht zurück!"

                                                                    TD A1 7 (7)
[19] Teumman, der König von Elam, der in meiner mächtigen Schlacht verwundet worden war,
[20] floh um das Leben zu retten und "schlüpfte" in den Wald.
[21] Die Achse des Wagens, des Gefährts seiner Majestät, zerbrach und fiel auf ihn.

---

[22] [   ], den der Wagen hingeworfen hat und   **TD A1 8 (8)**
[23] [   ] seine [Hän]de ergri[ffen hat].
ABGEBROCHEN

Kol. II
[1] Wein sollst du [über ihn]en spenden, die? [   ]   **TD A1 9 (14)**
[2] Jet[zt Šam]aš und Adad zu meiner Zeit [   ]
[3] die Köpfe meiner [Fein]de schnitt ich ab, Wein spendete ich [über ihnen   ].

---

[4] LEERRAUM, der (zwar) dur[ch einen Pf]eil verwundet worden war,   **TD A1 10 (15)**
    das Le[ben (aber)] nicht beendet hatte,

---

[279] Als Übersetzung für ammûri bietet AHW I: 44 "gleichzeitig" und CAD A/2: 77 "likewise", doch erscheint die Stelle als einziger Beleg. Berücksichtigt man Szene 14 des Ulai-Zyklus in Raum XXXIII des Südwestpalastes, so ist diese Bedeutung durchaus erklärbar (s. Kapitel 2.1.1.)

⁵ ri[e]f, um seinen eigenen Kop[f] abzuschneiden, die Assyrer
⁶ folgendermassen: "Komm, schneid' ab meinen Kopf,
⁷ bringe (ihn) ⁶vor den König, [deinen] Herrn und ⁷empfange (dafür) einen gut[en] Namen.

---

⁸ Ituni, der *Šūtrēši* des NN, des [Kön]igs von Elam,   **A1 11 (16)**
⁹ den er herausford[ernd] immer wieder vor mich geschickt hatte, sah me[ine] Schlacht u[nd]
¹⁰ mit seinem Gürtel[schw]ert durchschnitt er mit seinen eigenen Händen den Bogen, den Beistand seines Armes.

---

¹¹ Um[man]igaš, den Flüchtling, den Diener, der meine Füsse ergriffen hatte,   **TD A1 12 (17)**
¹³ liess ¹²a[uf] meinen [Be]fehl mein *Šūtrēši*, den ich [gesandt hatte], ¹²in Freuden in Susa
¹³ und Madaktu eintreten und
¹⁴ [auf den Th]ron des Teumman, den meine Hän[de übet]Wältigt hatten, sitzen.

---

¹⁵ Meine Trup[pen], die auf den Feldzug nach Elam gegangen waren (und)   **TD A1 13 (18)**
¹⁶ ihre Ermüdung noch nicht beruhigt hatten-
¹⁷ nach Šapībēl, gegen Dunanu richtete ich ihr Gesicht.
¹⁸ Gegenüber dieser Stadt legten sie ein Feldlager an, umzingelten (sie),
und hielten ihren Ausgang besetzt.

---

¹⁹ Dunanu [, den Sohn des Bēl]iqīša, den Gambuläer befiel der Schrecken, und **TD A1 14 (19)**
²⁰ er ver[lie]ss seine Stadt und vor meinen Boten
²¹ kam er heraus un[d] küsste meine Füsse.

---

²² Ich (bin) Assurbanipal, [   ] von Assyrien. Inmitten der Stadt Milqia   **TD A1 15 (20)**
²³ opferte ich prächtige Opfer und beging das Fest der Šadri.
²⁴ An diesem Tag waren Duna[nu an Hän]den und Füssen eiserne Fesseln angelegt,
²⁵ und man brachte (ihn) vor mich.

---

²⁶ [ni]cht bewahrte, Dunanu, Sohn des Bēliqīša   **TD A1 16 (21)**
²⁷ [   ] auf da[s Ge]sicht warf ich ihn und
²⁸ [ich] richtete über ihm auf.

---

²⁹ [des Bēliqīš]a, den Gambuläer   **TD A1 17 (22)**
³⁰ [   ] und Füssen zur Stadt R[u]a
³¹ [   ] bis [vor] mich [   ]

SPUREN

Kol. III
^{1'} SPUREN

---

^{2'} [SPUREN A] ssur, dem Gott, meinem Erzeuger   **TD A1 18 (28)**
^{3'} [   ] riss ich ihre [Z]unge aus
^{4'} ihre Haut [   ]

---

^{5'} [Duna]nu, den Sohn des [Bēliqī]ša, den Gambuläer,   **TD A1 19 (29)**
^{6'} [der beu]nruhigte mein Königtum,
^{7'} schlachtete ich [a]uf der [Schlacht]bank wie ein Schaf und
^{8'} zer[te]ilte seine Glieder.

^{9'} [U]mmanigaš, der Sohn des Urtaku, des Königs von Elam,   **TD A1 20 (30)**
^{10'} der die Füsse meiner Majestät ergriffen hatte, Streitkraft [ ]
^{11'} zu seiner Unterstützung schickte ich mit ihm.

^{12'} Schlachtreihe des Assurbanipal, des Königs von Assyrien,   **TD A1 21 (31)**
^{13'} der die Niederlage Elams bewirkte.

^{14'} Schlachtreihe des Teumman, des Königs von Elam.   **TD A1 22 (32)**

^{15'} Niederlage der Truppen des Teumman, des Königs von Elam,   **TD A1 23 (33)**
^{16'} die in Til-Tubu Assurbanipal, der grosse König, der starke König, der König der Gesamtheit,
    der König von Assyrien
^{17'} ohne Zahl beibrachte, der die Leichen seiner Krieger hinwarf.

                                                                                TD A1 24 (34)
^{18'} Ich (bin) Assurbanipal, der König von Assyrien, der, nachdem ich die Opfer der Šadri
^{19'} dargebracht, das Fest des Neujahrsfesthauses begangen, (und)
^{20'} die Zügel der Ištar ergriffen hatte -
^{21'} inmitten von Dunanu, Samgunu, Apläja und dem abgeschnittenen Kopf des Teumman,
^{22'} des Königs von Elam, den Ištar, die Herrin, meinen Händen überantwortet hatte,
^{23'} in Freu[den] Einzug in Arbela hielt .

^{24'} Mit den Leichen der Krieger, der Leute von Elam,   **TD A1 25 (35)**
^{25'} dämmte ich den Fluss Ulai.
^{26'} Ihr [Bl]ut lie[ss ich] drei Tage lang statt Wasser diesen Fluss
^{27'} bis zu seinem höchsten Wasserstand hinunterfliessen.

^{28'} [Assur]banipal, der König von Assyrien, der durch den Beistand Assurs, **TD A1 26 (36)**
    meines Herrn, me[ine] Feinde
^{29'}[   ] Ich erreichte alle [meine] Wünsche.

Kol. IV
^{2'} Kopie der Tafel, die man vor dem König hören liess   **TD A1 UNTERSCHRIFT**

Tafel A2

Kol. I

^{1'} [wa]rfen [sie] vor meine Räder.   **TD A2 1 (10)**

^{2'} [mit einem Dol]ch die Sehnen seines Gesichtes   **TD A2 2 (11)**
^{3'} [sp]uckte Speichel auf ihn.

^{4'} [   ] Vornehmsten des Teumman   **TD A2 3 (12)**
^{5'} [die e]r schickte
^{6'} [in vo]llem Zorn über ihren Herrn
^{7'} [   ] hielt er sie zurück.
^{8'} [   ], den man vor mich gebracht hatte, sahen sie.
^{9'} [   ] raufte seinen Bart.
^{10'} [   ] durchbohrte [m] it seinem Gürtelschwert seinen Bauch.

TD A2 4 (13)

^{11'} [As]surbanipal, der König von Assyrien. Mit dem abgeschnittenen Ko[pf des Teum]man,
^{12'} [ ] von Elam, den ich durch den Beistand Assurs err[ei]cht hatte,
^{13'} zog ich freudig in Ninive ein.

TD A2 5 (14)

^{14'} Ich (bin) Assurbanipal, der König von Assyrien. Den Kopf des Teumman, [des Königs] von Elam,
^{15'} brachte ich gegenüber dem Tor im Stadtzentrum, wie eine Opfergabe dar.[280]
^{16'} Was seit jeher durch Opferschauerei berichtet worden war, folgendermassen: "Die [Kö]pfe
^{17'} deiner Feinde wirst du abschnei[den.] "

Kol.II
Zeilen 1' bis 4' WENIGE RESTE   TD A2 6 (23)

^{5'} Du[nanu]   TD A2 7 (24)
^{6'} mei[ne] Herrin [   ]

^{7'} Kop[f]   TD A2 8 (25)
^{8'} und der Ko[pf]
^{9'} Sohn, Nach[folger]

^{10'} Du[nanu]   TD A2 9 (26)
^{11'} im [Stadtt]or [ ]
^{12'} z[ur]

^{13'} Stadt [   ]   TD A2 10 (27)
Zeilen 14' bis 16' WENIGE RESTE
UNTERER RAND, GROSSE LÜCKE

Kol. IV
¹ Šapībēl, den Stützpunkt der Gambulä[er]   TD A2 11 (36)
² auf ihn liess ich einen Damm festtreten [ ].
³ Dunanu, der Sohn des Bēliqīša - der Schreckensglanz mein[er] Majestät
⁴ [über]wältigte ihn, er zerbrach seinen Bogen und
⁵ [m]it seinen Grossen zu innbrünstigen Gebeten vor meinen Boten
⁶ [ ]sie küssten meine Füsse.

⁷ [ ] des Bēliqīša, ergriff ich lebendig mit den Händen,   TD A2 12 (37)
⁸ [ ] legten ihm eiserne Fesseln an und
⁹ sandten (ihn) eilig [v]or mich.

---

[280] Auf der Darstellung in Raum I des Nordpalastes libiert ein assyrischer König mit einem Bogen über einem Kopf. Vgl dazu CAD M/2: 176 für diese Übersetzung. Vgl. dazu de Darstellung der Löwenjagd (Barnett 1976: Plate LVII), wo Assurbanipal in ähnlicher Haltung und Stellung über einem Löwenkopf libiert. Anders: Borger 1996: 227 übersetzt: "stellte ich zur Schau", CAD M/2: 176: "I exhibited bzw. to display". Vgl. Magen 1986: 68 f.

TD A2 13 (38)

[10] [Ich (bin)Assurbanipal, der König von] Assyrien, der auf Befehl der grossen Götter, seiner
      Herren,
[11] [   ] der alle seine Wünsche erreichte.
[12] [   ] Bēliqīša, Samgunu
[13] [   ] Nabûna'id, Bēlēṭir,
[14] [die Šan]dabakku-Beamten
[15] [   ] seine Brüder
[16] [   ] König der Gambu[läer]
Tafel B

Vs.
[1'] [ABGEBROCHEN] des? Nabû[uṣalli]   TD B 1 (S. 306)
[2'] zo[g] ich [ab]

[3'] Mit [   ]   TD B 2 (S. 307)
[4'] Weg [   ]

[5'] Tammaritu [   ]   TD B 3 (S. 306)
[6'] mit ihm schick[te] ich [   ]
[7'] Leute von Ḫidalu [   ]

[8'] Simburu, der Nagi[ru']   TD B 4[281] (2)
[9'] fürchtete die Nennung meines Namens [   ] v[or]

[10'] Umbakidennu, der Na[giru' ABGEBROCHEN]   TD B 5 (S. 306)
[11'] überkam ihn und den K[opf]

Rs.
[1'] Gott x? Adad, Bēl [   ]   TD B 6 (S. 306)
[2'] Ištar von Arb[ela],
[3'] meine Feinde über[wältigte] ich [   ]

[4'] Ich (bin) Assurbani[pal]   TD B 7 (S. 306 f.)
[5'] durch Macht [   ]
[6'] liess ich aufstell[en]
[7'] König von Elam [   ]

linke Seite, links
[1] [   ] mitten in Ninive   TD B 8 (S. 307)

linke Seite, rechts
[1] Ummani[gaš]   TD B 9 (30)
[2] Flüchtling, der ergriffen ha[tte]
[3] LEERRAUM[schickte ich] mit ihm

---

[281] Bei Borger 1996: 299 falsch numeriert.

Tafel C

Vs.

1' [Ela] m [ ] von dem Ko[mmen meiner Truppen]	TD C 1 (2)
2' [fürch]tete [ ] vor [meinen] Abge[sandten]	
3' [ ] küsste m[eine] Füsse.	

4' [Umbakiden]nu, der *Nagiru* von Ḫidalu -	TD C 2 (S. 306)
5' [die Furc] ht (vor) meiner Majestät überkam ihn und	
6' [den Kop]f des Ištarnandi, des Kö[nigs] von Ḫidalu	
7' [ ] ? schnitt er ab, tr[ug er herbei],	
8' warf (ihn) [vor] meine Grossen und ergriff die Füsse meiner Majestät.	

Rs.

1 [Z]ineni, der Palastvorsteher (des?) GIŠ-TAR-ta [ ]	TD C 3 (S. 306)
2 [ ] von Elam [ ]	
3 [ ] meiner Herrschaft überkam si[e]	
4 [ ] kamen sie um vor mir den Diener zu machen.	
5 [ ] mein Feldlager.	

6 [des B]ēliqīša,	TD C 4 (37)
7 ergriff ich [ ] mit den Händen	
8 [ ] leg[ten ihm Fess]eln [ ]	

Tafel D1

1' fl[oh] Le[ben]	TD D1 1 (7)
2' [des Ge]fährts seiner Majestät, zer[brach]	

3' [in Ver]zweiflung zu seinem Sohn [ ]	TD D1 2 (7a)

4' [ ] Elam, den der W[agen]	TD D1 3 (8)
5' [ ] den sein Sohn zum Aufstehen brachte und [ ]	

6' [ ] Elam, der in der [ ] Schlacht	TD D1 4 (9)
7' [ ] sein ältester Sohn [ ] [seine] Hän[de]	
8' [um] ihr Leben [zu retten,] flohen sie [ ]	
9' [den Beista]nd Ass[urs und] Ištars [ ]	
ABGEBROCHEN	

Tafel D2

1' [ ] die Söhne/ Bewohner [ ]	TD D2 1 (S. 307)

2' Teumman, der König [ ]	TD D2 2 (7)
3' um[ ] zu rett[en]	
4' [die Ac]hse des Wagens [ ]	

5' Teumman [ ] in Verzw[eiflung]	TD D2 3 (7a)

⁶ᐟ Teu[mman]   TD D2 4 (8)
⁷ᐟ P[N]

Tafel E

Vs.

¹ Schlachtreihe des Assurbanipal, des Königs von Assyrien, der die Niederlage Elams bewirk-
   te.²⁸²
² Schlachtreihe des Teumman, des Königs von Elam.   TD E 1 (31 u. 32)

---

³ Kopf des Teumman, des Königs von Elam.   TD E 2 (S. 307)

---

⁴ 1 ; Ich (bin) Assurbanipal, der König der Gesamtheit, der König von Assyrien,   TD E 3 (10)
⁵ der Bezwinger seiner Feinde. Den Kopf des Teumman, des Königs von Elam, der durch die
   Macht
⁶ von Assur, Sîn, Šamaš, Bēl, Nabû, Ištar von Ninive,
⁷ Ištar von Arbela, Ninurta und Nergal abgeschnitten worden war,
⁸ brachten ⁷die Krieger meiner Schlacht eiligst herbei ⁸und vor dem Stadttor "Möge alt werden
   der Priesterfürst Assurs" warfen sie (ihn)
⁹ LEERRAUM vor meine Räder.

---

¹⁰ 2;Ich (bin) Assurbanipal, der König der Gesamtheit, der König von Assyrien.   TD E 4 (12)
¹¹ Nabûdamiq (und) [Um]badarā, die Vornehmsten
¹² [   ] [frec]hen [   ]
¹³ ABGEBROCHEN [   ] ?
   ABGEBROCHEN

Rs.

[ABGEBROCHEN]   TD E 5 (34)
¹ᐟ und dem abgeschnittenen Kopf des Teumman, des Königs von Elam,
²ᐟ den Ištar, die Herrin, meinen Händen überantwortet hatte,
³ᐟ in Freuden Einzug in Arbela hielt .

---

⁴ᐟ 17; Dunanu, Samgunu, Aplāja   TD E 6 (26)
⁵ᐟ im östlichen und westlichen Stadttor
⁶ᐟ zur Schau für die Leute band ich sie mit einem Bären an.

---

⁷ᐟ Mit dem abgeschnittenen Kopf des Teumman, des Königs von Elam,   TD E 7 (S. 307)
⁸ᐟ machte ich mich in Freuden auf den Weg nach Arbela.

---

⁹ᐟ Ich (bin) Assurbanipal, der König von Assyrien. Rusa,   TD E 8 (S. 307)
¹⁰ᐟ der König von Urartu, sandte ⁹ᐟVornehmste um sich nach meinem Wohlbefinden zu erkundi-
    gen.
¹¹ᐟ Nabûdamiq und Umbadarā, die Vornehmsten von Elam,
¹²ᐟ stellte ich [mitsamt] den Tafeln mit der frechen Botschaft vor ihnen auf.
¹³ᐟ Ihnen [geg]enüber ᴿᵃⁿᵈ ¹riss ich dem Mannukīaḫḫē, dem Stellvertreter Dunanus, (und)
ᴿᵃⁿᵈ ¹ Nabûuṣalli, seinem Stadtpräfekten, ihre Zunge aus (und)
ᴿᵃⁿᵈ ² zog ich ihre Haut ab.

²⁸² Nach Borger 1996: 304 Strich!

Tafel F

1' [El]am	**TD F 1 (16)**
2' [ ] Bogen [ ]	

3' [Kr]ieger, der Leute von [ABGEBROCHEN]	**TD F 2 (35)**
4' [ ] diesen [Fl]uss [liess] ich [hinunterfliessen]	

5' [ ] der' im Inneren Elams	**TD F 3**[283]
6' [ ] Tat der Macht[ ]	
7' [El]am [ ]	

Tafel G

1' [ ] warf [ic] h ihn [ ]	**TD G 1 (21)**
2' [ich rich]tete über [ihm] auf [ ]	

3' [Dunan]u, den Sohn des Bēliqīša,	**TD G 2 (37)**
4' ergriff ich [leb]endig mit den Händen,	
5' [ ]meine Krieger legten ihm Fesseln an und	
6' sandten (ihn) eilig [nach] Ninive vor mich.	

	TD G 3 (34)
7' [Ich (bin)] Assurbanipal, der König der Gesamtheit, der König von Assyrien, der,	
8' [nachdem] ich die Opfer der Šadri dargebracht,	
9' das Fest des Neujahrsfesthauses [begangen]	
10' [die Z]ügel der Ištar	
11' [ ] Samgunu, Aplāja	
12' [Teum]man, des Königs von Elam,	
13' [ABGEBROCHEN] in Freuden Einzug in Arbela [hie]lt .	

14' [ABGEBROCHEN den Fluss Ula]i [ ]	**TD G 4 (35)**
ABGEBROCHEN	

Tafel H

1' [u]m [ ] zu re[tten]	**TD H 1 (7)**
2' [ ] zerbrach und fie[l auf ihn]	

3' [ ] sprach [ ] [sein]em [Sohn] : " He[be "]	**TD H 2 (7a)**

4' [ ] den sein Sohn zum Aufstehen brachte und [ ]erg[riffen hat].	**TD H 3 (8)**

5' [ ] sein ältester [So]hn [, [der sei]ne Hände [ergriffen hatte]	**TD H 4 (9)**
6' [ ] Durch den Beistand Assurs und [Ištars tötete ich sie]	

---

[283] Bei Borger 1996: 307 nicht eingeordnet.

$^{7'}$ [   ] Til-tub[u]   TD H 5 (33)
$^{8'}$ [   ] Leich[en]

$^{9'}$ SPUREN
ABGEBROCHEN

Übersetzungen Šamaššumukīn-Tammaritu-Zyklus

Tafel A

Vs.
^{1} [durch den Beista]nd Assurs und Išta[rs]   ŠT A 1 (51)
^{2} [Tamm]aritu, der König von Elam, Abbild der gallû-Dämon[en?]
^{3} [des Šamaššumuk] in, des feindliche Bruders, der sich erhob ...[   ]
^{4} [   ] Auf Geheiss Assurs und Ištars, der Göttern, [meiner Helfe]r
^{5} [   ] empörte sich [Indabi]bi, sein Diener, gegen ihn und [   ]
^{6} [   ] Seine Familie, die Nachkommen des Hauses seines Vaters und die Fürsten, die [an seiner
Seite ging]en [   ]
^{7} [nac]kt krochen sie auf ihrem Bauch heran und..[..]
^{8} [knie]nd? priesen sie vor mir die Kampftaten meiner starken Götter, die [mir zu Hilfe]
ge[kommen waren]

ŠT A 2 (52)
^{9} Ich (bin) Assurbanipal, der König von Assyrien. Durch den Beistand Assurs und Ištars [   ],
^{10} Die zaqiptu- und die šakirūtu-Standarte[284], was zum Königtum des Šamaššumukīn gehörte [ ],
^{11} den Wagen, das Gefährt seiner Herrschaft und die Truppen, die Aufstand und Revolte
gemacht hatten, führten [sie] fort [   ]
^{12} Auf dem Erdboden wurden sie vor mir hin- und hergeschleift. Den Rest x[   ]
^{14} liess ich ^{13} [in Re]ihen? ihre Gebirge [ ], zur Schau für die Leute, auf den Rücken von Ka[melen]
^{14} sitzen und freudig nach Ninive [   ]

---

^{15} Die Ḫialu-Truppen des Šamaššumukīn x[   ]   ŠT A 3 (53)
^{16} überwäl[tigten] als Kriegsgefangene, durch den Beistand Assurs und Ištars [meine Hände ?]

ŠT A 4 (54)
^{17} Die Bewohner von Borsippa, die Aufstand und Revolte gemacht und die sich mit
[Šamaššumukīn]
^{18} abgesprochen hatten, überr[wältigten] durch den Beistand Assurs und Ištars [meine Hände]

ŠT A 5 (55)
^{19} Die [Bewoh]ner der Stadt?, die Aufstand und Revolte gemacht hatten, und die mit
Šam[aššumukīn   ]

---

^{20} [des] Šamaššumukīn, die Aufstand und Revolte gemacht hatten[   ]   ŠT A 6 (56)
^{21} [   ] meine [Hände], ersc[hlug] ich [   ]

---

[284] Dazu: Borger 1996: 309

²² [   ] die grossen Gött[er] besti[mmt haben]   ŠT A 7 (57)
ABGEBROCHEN

Rs.
¹' [Ic] h (bin) Assurbanipal [ABGEBROCHEN]   ŠT A 8 (79)
²' den durch den Beistand Assurs und Išt[ars ABGEBROCHEN]

                                                                             ŠT A 9 (80)
³' Ich (bin) Assurbanipal, der König von Assyrien, de[r au]f Geheiss der grossen Götter [   ]
⁴' alle seine Wünsche erreichte. Mit Ammul[adi   ABGEBROCHEN]
⁵' [   ] freudig nach Ninive, der Stadt meiner Herrschaft, [ein].

                                                                             ŠT A 10 (81)
⁶' Ich (bin) Assurbanipal, der König von Assyrien. Aṭija, die Kön[igin   ]
⁷' mit ihrer Beute überwältigten auf Geheiss Assurs und Ištars [meine Hände]

⁸' Der Aṭija, Königin von Arabien, [bereitete ich] ein Gemetzel [   ]   ŠT A11 (82)
⁹' ihre Zelte verbrannte ich mit Feuer. Sie selbst [ergriff ich]lebendig.

¹⁰' Was auf den Wänden des ??? ²⁸⁵ [   ]   **ŠT A Unterschrift**

Tafel B

Kol. I
² [Tamm]aritu, der König von Elam,   ŠT B 1 (51)
³ [   ] meine Herrschaft.
⁴ [des Šamaššu]mukīn, des feindlichen Bruders
⁵ [zum Kam]pf mit meinen Truppen
⁶ [Auf Geheiss] Assurs und Ištars, [   ]
⁷ [ABGEBROCHEN Indabi]bi, sein Diener
⁸ [er] setzte sich auf seinen Thron.
⁹ [   ] die Nachkommen des Hauses seines Vaters
¹⁰ [die an] seiner Seite [gingen]
¹¹ [kro]chen sie[   ]
¹² [ABGEBROCHEN] priesen²⁸⁶
¹³ [   ] [mir zu Hilf]e [   ]

Kol.II
¹' Ic[h (bin) Assurbanipal,]   ŠT B 2 (57)
²' [   ] bestimmt haben.
³' Mit Tam[maritu]
⁴' seiner Familie, die Nachkommen[des Hauses seines Vaters]
⁵' [   ] die an seiner Seite gingen [   ]
⁶' sie ergriffen die Füsse [meiner] Majes[tät.]
⁷' [   ] ermutigten mich.
⁸' Nach Ninive[   ] freu[dig ein].

²⁸⁵ Borger 1996: 318 liest: E₂ NIG₂-D[U].
²⁸⁶ Hierbei folge ich der von Borger 1996: 309 vorgeschlagenen Emendation.

^{9'} Die Leute, die Aufs[tand und Revolte gemacht hatten],   ŠT B 3 (57*)
^{10'} [   ] dem feindlichen Bru[der]
LÜCKE

Kol.III
Zeilen 2' bis 4' SPUREN   (68)
^{5'} In[dabibi?]

Kol. IV
[   ]   ŠT B 4 (67)
^{2'} [Tammar] itu, König [   ]
^{3'} [Bogen]schützenkommandant [   ]
^{4'} [   ][Bog]en[schützenkommandant] der Kavalleristen [   ]

^{5'} [   ]Sohn des Urtaku, König von Elam.   ŠT B 5 (73)

^{6'} [   ] Sohn des Teumman, König von Elam.   ŠT B 6 (74)

^{7'} [Umbakidenn]u, Sohn des Ummanappi, Sohn des Urtaki,   ŠT B 7 (75)
^{8'} LEERRAUM König von Elam.

^{9'} [   ]nu, *Nagiru*   ŠT B 8 (76)

^{10'} [Wänd]en des Bīt-ridûti   ŠT B Unterschrift
^{11'} [   ] des südlichen Flügels

Tafel C

Vs.
^{1'} [als Kriegs]gefan[gene   ]   ŠT C 1 (53)
^{2'} übe[rwältigten]

^{3'} Die Bewohner? [   ]   ŠT C 2 (54)
^{4'} die m[it   ]

Rs.
^{2'} Schlachtreihe des Ummaniga[š,   ]   ŠT C 3 (71)
^{3'} des Assurbanipal, des Königs von Assyrien, [   ]
^{4'} der ihn [   ] eingesetzt hatte.
^{5'} Tammaritu, <der> sich mit ihm [verfeindet?] hatte[   ]
^{6'} [   ] zerstreute [   ]

^{7'} Der abgeschnittene Kop[f]   ŠT C 4 (72)
^{8'} der mich [   ]
ABGEBROCHEN

Tafel D1

Kol. II
^{2'} [   ] lebendig mit meinen Händen   ŠT D1 1 (58)

^{3'} [   ] ihre Eingeweide riss ich aus
^{4'} [   ] ihre [   ] schnitt ich ab,
^{5'} [   ] ihre [Haut] zog ich ab, [ihr] Fleisch liess ich die [Ge]ier fressen.

^{6'} [Na]bûzērukīn, Sohn des Nabûšum[   ]   ŠT D1 2 (59)
^{7'} [Diener], der mein Gesicht [nicht?] [sch]aute
^{8'} [der sich mit] Šamaššumu[kīn] abge[sprochen hatte]
^{9'} [seine Hände, die] den Bogen [zum Kam]pf mit meinen Truppen ergrif[fen hatten]
^{10'} [mit Feuer ver]brannte ich und danach [] ihn und zog seine Haut ab.

^{11'} [des] Šamaššumukīn,   ŠT D1 3 (60)
^{12'} [   ] Bīt-Dakuri,
^{13'} [mit] meinen [Truppen].
^{14'} [   ] seine [Haut] zog ich ab

^{15'} [von] Assyrien, der auf Geheiss der grossen [Gött]er,   ŠT D1 4 (61)
^{16'} [die Wüns]che seines Herzens [erreichte]. Die Kleidung und den Sc[hmu]ck,
^{17'} [was zum König]tum des Šamaššumukīn, des [untre]uen Bruders, [gehörte],
^{18'} [   ] seine *Šūtrēši*, seine Schlachttruppen,
^{19'} [den Pru]nkwagen, [sein] herrschaftliches Gefährt,
^{20'} [   ] das Gespann seines Joches, den ganzen Bedarf
^{21'} seines [Palastes], soviel vorhanden war, Leute, männlich und we[iblich],
^{22'} [klein und] gross, liess man an [mir].vorüberziehen.

^{23'} [Nabû]šallimšunu, der Wagenlenker, Mannukībābili,   ŠT D1 5 (62)
^{24'} LEERRAUM der Sohn des Nabûšallimšu[nu]

^{25'} [Die Söh]ne des Eazērqīša von Bīt-Amukk[ani]   ŠT D1 6 (63)

^{26'} Ich (bin) Assurbanipal, der König von Assyrien. Auf Geheiss [   ] ŠT D1 7 (64)
^{27'} [der gros]sen [Götter], [] die Könige, die auf Hochsitzen thronten,
^{28'} [   ] [   ], [in] deren [Mitte] Tamma[ritu,]
ABGEBROCHEN

Kol. III
^{1'} [von] Assyrien, den Assur und Ištar   ŠT D1 8 (65)
^{2'} über seine [Geg]ner stellten,
^{3'} [der al]le seine Wünsche [erreichte]. Tammaritu, der König von Elam,
^{4'} [des] Šamaššumukīn, des feindlichen Bruders, der sich erhob
^{5'} [zum Kam]pf mit meinen Truppen. Vor Indabibi, seinem Diener,
^{6'} [der einen Auf]stand gegen ihn anzettelte - er, zusammen mit seinen Brüdern,
^{7'} [, den Nachkom]men des Hauses seines Vaters, seinen Grossen [kam/floh er] nach Ninive
^{8'} [   ] und die Füsse [mei]ner Majestät küsste er.
^{9'} [Er kam?] um vor mir den Diener zu [mach]en (und) er flehte um meine Herrschaft.

^{10'} [Ummani]gaš²⁸⁷, der die Wohltat Assurbanipals, des Königs von Assyrien   ŠT D1 9 (66)
^{11'} [ABGEBROCHEN und] seinen Eid [nicht] bewahrte.
^{12'} [   ] Die Leute seines Landes
^{13'} [V]or den Leuten seines Landes

---

²⁸⁷ Name unsicher! S. Borger 1996: 313.

¹⁴ [er floh   ] ins Gebirge
ABGEBROCHEN

Tafel D2

Kol. I

¹ [   ] Ištar [   ]   ŠT D2 1 (53)

² [   ], die Aufsta[nd und Revolte] gemacht   ŠT D2 2 (54)
³ [   ] die sich mit Šamaššumukīn abgesprochen hatten,
⁴ überwältigten [   ] und Ištars meine Hände

⁵ [   ] des Šamaššumukīn, die Aufstand und Revolte gemacht hatten,   ŠT D2 3 (56)
⁶ überwältigten [   ] und Ištars meine Hände, (und)
⁷ erschlug [ich] mit Waffen.

⁸ [   ] Assurbanipal, der König von Assyrien, dem die grossen Götter   ŠT D2 4 (57)
⁹ [   ] ein gutes Schicksal [besti]mmt haben.
¹⁰ [   ] seine Brüder, seine Familie [   ] ¹²erhoben sich
¹¹ [z]u Hilfe
¹² [Šamaššumuk]īn
¹³ [   ] sein Herr
ABGEBROCHEN

Kol. II

¹ des untr[euen] Bruders,[   ]   ŠT D2 5 (60)
² seine Hände, die den B[ogen ergriffen hatten].
³ Mit Feuer verbrannte ich [   ]

⁴ Ich (bin) As[surbanipal,]   ŠT D2 6 (61)
⁵ erreichte. [   ]
⁶ was zum [Königtum   ] gehörte,
⁷ [seine] Harems[frauen]
⁸ den Wagen, [   ]
⁹ Pfer[de,]
¹⁰ [seines] Palas[tes]
¹¹ kle[in und gross]
ABGEBROCHEN

Tafel E

                                                                              ŠT E 1 (61)
¹ Ich (bin) Assurbanipal, der König von Assyrien, der auf Geheiss der grossen Götter,
² die Wünsche seines Herzen ¹erreich[te]. ²Die Kleidung und den Schmuck, was zum Königtum des Šamaššu[mukīn],
³ des untreuen <Bruders> gehörte, seine Haremsfrauen, seine *Šūtrēši*, seine Schlachttruppen,
⁴ den Wagen, den Prunkwagen, sein herrschaftliches Gefährt, Pferde,
⁵ das Gespann seines Joches, den ganzen Bedarf seines Palastes, soviel vorhanden war,
⁶ Leute, männlich und weiblich, klein und gross, liess man an mi[r].vorüberziehen.

ŠT E 2 (62)

⁷ Nabûšallimšunu, der Wagenlenker, Mannukībābili, der Sohn des Nabûšal[limšunu]

---

⁸Die Söhne des Eazērqīša von Bīt-Amukkani   ŠT E 3 (63)

---

⁹ Ich (bin) Assurbanipal, der König von Assyrien.   ŠT E 4 (64)
¹⁰ Auf Geheiss Assurs und Ninlils, der grossen Götter,
¹¹ unterwarfen sich die Könige, die auf Hochsitzen thronten, meinem Joch.
¹² Die Bogen, ¹³in deren Mitte ¹²Tammaritu, der König von Elam,
¹³ zum Kampf mit mei[nen] Truppen prahlte -
¹⁴ jetzt, durch die Macht Assurs und [   ],
¹⁵ der [Gö]tter, meiner Helfer, dieselbi[gen] Bogen [   ]
¹⁶ [   ] Monat Nisan mit⁷ [   ]
¹⁷ [   ] brachten sie heran [   ]

Was dem Ekur von Nini[ve²⁸⁸   ]   Unterschrift ŠT E

Tafel F

¹ˈ [Assur]banipal, der König von Assyrien,[   ]   ŠT F 1 (65)
²ˈ den [....über] seine [Gegner], der al[le er]reichte
³ˈ [des Šam]aššumukīn,
⁴ˈ [mit] meinen [Truppen]. Vo[r Indabibi,]
⁵ˈ [   ] anze[ttelte],
⁶ˈ [   ] seines [Vaters] und [   ] Gros[sen]
⁷ˈ [   ] meiner Maje[stät] kü[sste] er.
⁸ˈ [er fleh]te [   ]

---

⁹ˈ [   ] Wohltat PN[   ]   ŠT F 2 (66)

Tafel G

Vs.
²ˈ [der/den Ass]ur seinen Herrn trug?   ŠT G 1 (66)
³ˈ [Ei]d und das Bündnis. Die Leute seines Landes
⁴ˈ wiegelte er [gegen] ihn [auf. Vo]r den Leuten seines Landes
⁵ˈ [   ] und er flo[h] ins Gebirge.
⁶ˈ [Umman]igaš er[schlugen sie?]. Seinen [Ko]pf, seine Arme, seine Füsse
⁷ˈ [   ] Kopf? brachte [T]ammaritu und
⁸ˈ [   ] meinem *Šūtrēši*.

---

⁹ˈ [   ] [Ta]mmaritu   ŠT G 2 (67)
¹⁰ˈ [   ] Bea[uftragter ?] Samu[nu]
¹¹ˈ [   ]gugu⁷ Beauftrag[ter] A[   ]
¹²ˈ [k]alu Sohn [   ]
¹³ˈ [Umman]aldasu, sein Bruder, Tamm[arit]u, König von [Elam]
¹⁴ˈ [   ]B[ogen]schützenkommandant [   ]

---

²⁸⁸ Gehört wohl zur Beschwörung auf der Rückseite der Tafel! S. Borger 1996: 313.

¹⁵ʼ [Teu]mman, der Bogenschützenkommandant der Kavalleristen[   ]²⁸⁹

---

¹⁶ʼ Tammaritu, der Kö[nig] von Elam, der zur Unterstützung des Šamaššu[mukīn]   **ŠT G 3 (68)**
¹⁷ʼ zum Kampf mit meinen Truppen kam.
¹⁸ʼ Ich, Assurbanipal, der König von Assyrien, [wen]dete mich an Assur und Ištar, und
¹⁹ʼ sie erhörten mein Gebet. Indabibi, sein Diener, ²⁰ʼempörte sich ¹⁹ʼgegen [ihn]
²⁰ʼ und in einer Feldschlacht bewirkte er seine Niederlage.
²¹ʼ Die Leute des Tammaritu flohen mitten im Kampf und
²²ʼ verkündeten ihm die Niederlage seiner Truppen. Er floh auf dem We[g] nach dem Meerland.
²³ʼ Nach ihm setzte sich Indabibi, sein Diener, auf seinen Thron.

                                                                                   ŠT G 4 (69)
²⁴ʼ Das Schiff des Tammaritu, des Königs von Elam, seiner Brüder, seiner Familie, der Nach-
      kommen des Hauses seines Vaters,
²⁵ʼ der Fürsten, die ihm zur Seite gingen, das Ablagerung, Schlamm und Morast festhielt
²⁶ʼ (und) kein? Fortbewegen hatte. Aus diesem Boot trug Kili[   ]
²⁷ʼ den Tammaritu auf seinem Rücken [   ] ²⁸ʼdurchschlug ²⁷ʼdie Mühsalen des schwierigen Ge-
      ländes.
²⁸ʼ [   ](und) liess ihn ins Röhricht eintreten. Gegen ihren Hunger
²⁹ʼ WENIGE RESTE

Rs.
¹ Tammaritu, der König von Elam, der vor Indabibi ...[...]   **ŠT G 5 (70)**
² ins Innere des Meeres hinabglitt (und) Übles erlebte.
³ Ich, Assurbanipal, König von Assyrien, liess ihm Gaben meiner Majestät bringen.
⁴ Diese Gaben empfing er und ⁵küsste ⁴vor meinem *Šūtrēši*
⁵ die Erde.

---

⁶ Schlachtreihe des Ummanigaš, der nicht bewahrte die Wohltat ?   **ŠT G 6 (71)**
⁷ des Assurbanipal, des Königs von Assyrien, der ihn in Elam
⁸ zum Königtum eingesetzt hatte.
⁹ Tammaritu, der [sich mit ihm verfeindet? hatte] und seine Niederlage bewirkte,
¹⁰ zerstreute seine Truppe.

---

¹¹ [Der abgesch]nittene Kopf des Ummanigaš, des Königs von Elam,   **ŠT G 7 (72)**
¹² der mich, seinen Vertr[agsgenossen], verliess.
¹³ [der zur Unter]stützung des [Šamaššu]mukīn, des Herrn meiner Feinde,
¹⁴ [, den] Tammaritu inmitten der Schlacht abschnitt
¹⁵ [Zur] Schau meines *Šūtrēši*, der Ummanigaš
¹⁶ [nach] Elam [ ] Nach Madaktu
¹⁷ liess er ihn als Freu[denbot]schaft bringen.

---

¹⁸ [   ]NU BAD? Sohn des Ummanappi, Sohn des Urtaku, König von Elam.   **ŠT G 8 (73)**

---

¹⁹ [U]mmanaldasu, Sohn des [Te]umman, König von Elam.   **ŠT G 9 (74)**

---

²⁰ [U]mbakidennu, Sohn des Ummanappi,   **ŠT G 10 (75)**
²¹ [Sohn des] Urtaki, [König] von Elam.

---

²⁸⁹ Lesung nach Smith s. Borger 1996: 314.

²² [x]NAGdinu, N*agiru*   ŠT G 11 (76)

²³ [   ] Bīt-ridûti   ŠT G Unterschrift
²⁴ [   ] südlich[en]

Tafel H1

^{1'} [   ] flohen [   ]   ŠT H1 1 (68)
^{2'} [er] ergriff [   ]
^{3'} se[tzte sich] [Indabi]bi, sein Diener,[   ]

^{4'} [von] Elam, [seiner] Brüder,   ŠT H1 2 (69)
^{5'} [   ], die ihm zur Seite gingen,
^{6'} das Abla[gerung,] festhielt [und kein?] Fortbew[egen]
^{7'} [Aus] diesem Boot ^{8'}trug [   ]
^{8'} [   ] Mühsalen [   ] [Gel]ändes
^{9'} [   ] liess ihn ins [Röhricht] eintreten.
^{10'} [   ] assen [sie]Ungeko[chtes]

^{11'} [   ] Ind[abibi]   ŠT H1 3 (70)
^{12'} [   ]
ABGEBROCHEN

Tafel H2

^{1'} auf [seinem Rücken?]   ŠT H2 1 (69)
^{2'} liess er durch[ziehen?]
^{3'} Gegen [ihren] Hunger [   ]

^{4'} Tammaritu, der König von El[am,] der [   ]   ŠT H2 2 (70)
^{5'} geflohen und ins Innere [...]
^{6'} Übles erlebte [   ]
^{7'} [Gabe]n[meiner] Majestät
ABGEBROCHEN

Tafel J

Vs.!
^{1'} SPUREN   (77)

^{2'} [die] Aufstand und Revolte ge[macht hatten],   ŠT J 1 (78)
^{3'} [die] meine Hände [überwältigt]en
^{4'} [liess....ich] sie und um die Stärke Assurs und Ninlils
^{5'} [zu zeigen,?] liess ich sie auf Kamelen sitzen.
⁶ ...Mücken summten mit den Bewohnern Assyriens,
⁷ die vor mir Freudengesang anstimmten.

^{8'} Ich (bin) Assurbanipal, der König von Assyrien.   ŠT J 2 (79)
^{9'} Ammuladi, den König von Qadri,

¹⁰ʹ den durch den Beistand Assurs und Ištars ¹¹ʹmeine Hände ¹⁰ʹüber[wältigt hatten],
¹¹ʹ liess man vorüberziehen? [   ].

Rs.!

¹ Ich (bin) Assurbanipal, [   ]   ŠT J 3 (80)
² der auf Geheiss der grossen Götter die Fein[de]
³ alle seine Wünsche erreichte. Mit Am[muladi,]
⁴ den meine Hände überwältigt hatten, ⁵zog ich ⁴in Nini[ve],
⁵ der Stadt meiner Herrschaft [fre]udig ein.

---

⁶ Östlicher Flügel [xx] die Wände.   ŠT J Unterschrift

---

⁷ Ich (bin) Assurbanipal, der König der Gesamtheit, der König von Assyrien   ŠT J 4 (57)
⁸ [d]em Assur und Ištar ein gutes Schicksal bestimmt haben.
⁹ [   ] Tammaritu, König von Elam
¹⁰ [   ] seiner [Fa]milie, die Nachkommen des Hauses seines Vaters
¹¹ [Fü]rsten, die an seiner Seite gingen - meine Feinde -
¹² sie flo[hen] und sie ergriffen die Füsse meiner Majestät.
¹³ [   ] Meine Götter ermutigten mich.
¹⁴ [ABGEBROCHEN N]ach Ninive, der Stadt meiner Herrschaft,
¹⁵ zog ich [freudig] ein.

Tafel VAT 11264

Vs.!
¹ʹ [   ] Nin[lil errei] ch[ten]   ŠT VAT I 1 (S. 318)
²ʹ [So]hn des Teum[man]
³ʹ [   ] Pillati[   ] x [   ]
⁴ʹ [   ] Šamaššumukīn Br[uder]
⁵ʹ [Um]manigaš [   ]

Rs.!
¹ʹ   ŠT VAT I 2 (zu 61)
²ʹ [Ich (bin)] Assurbani[pal],
³ʹ [der a]uf Geheiss von Assur und Ninlil [   ]
⁴ʹ [Die zaq]iptu- und die šakirūtu-Standarte²⁹⁰, Kleidung und Schmuck [
⁵ʹ [des] Šamaššumukīn, [des untreuen Bru]ders
⁶ʹ seine [Harems]frauen, seine Šūtrēši, [seine Schlachttruppen,]
⁷ʹ [den Wagen,] den Prunkwagen, [sein herrschaftliches] Gefä[hrt,]
⁸ʹ [Pferde, das Gesp]ann seines Joches, den ganzen Be[darf]
⁹ʹ [   ] männlich und we[iblich]

Tafel VAT 10269

²ʹ [   ] Macht, St[ärke]   ŠT VAT II 3 (S. 318 f.)
³ʹ [   ]Elam[   ]

---

²⁹⁰ Dazu: Borger 1996: 309.

^{4'} [Ela]m, ihre' Gesamtheit[   ]
^{5'} [   ] Assur Nin[lil]
^{6'} [   ] Not' seine Vornehmsten[   ]
^{7'} [   ] gewichtige Begrüssungsgeschenk[   ]

^{8'} [   ] Assurbanipal , Kö[nig von]   **ŠT VAT II 4 (S. 319)**
^{9'} [   ] Assur und Ninlil[   ] [   ]

Rs.?
^{1'} ????   **ŠT VAT II 5 (S. 319)**

^{2'} [   ] Assurbanipal[   ]   **ŠT VAT II 6 (S. 319)**
^{3'} [   ] Assur und Nin[lil]
^{4'} [   ] Elam [   ]
^{5'} [   ] verwüs[tete ich]
^{6'} [   ] Lagama[ru]
^{7'-8'} UNLESBAR

9. ABBILDUNGSNACHWEIS

Abbildungen

1   SW-Palast, XXXIII, Szene 4: Babylonier beim Mahlen, von Assyrern angetrieben.
    Barnett - Forman o. J.: Tafel 130.
2   SW-Palast, XXXIII, Szene 13: Teummans Kopf wird nach Ninive gebracht.
    Barnett - Lorenzini 1975: Tafel 151.
3   SW-Palast, XXXIII, Szene 14: Elamer im assyrischen Zelt.
    Reade 1979c: Fig. 6.
4   SW-Palast, XXXIII, Szene 17: Teumman und sein Sohn stürzen aus dem Wagen.
    Barnett - Forman o. J.: Tafel 121.
5   SW-Palast, XXXIII, Szene 18: Teumman und sein Sohn auf der Flucht.
    Barnett - Lorenzini 1975: Tafel 141.
6   SW-Palast, XXXIII, Szene 19: Teumman und sein Sohn werden überwältigt.
    Barnett - Lorenzini 1975: Tafel 142.
7   SW-Palast, XXXIII, Szenen 20, 21, 23 u.a.: Der Assyrer mit dem Bogen köpft Teumman,
    hebt dessen Insignien auf und bringt den Kopf weg. Barnett - Forman o. J.: Tafel 118 (Detail).
8   SW-Palast, XXXIII, Szene 29: Urtaku bittet um seinen Tod.
    Barnett - Lorenzini 1975: Tafel 140.
9   SW-Palast, XXXIII, Szene 31: Ituni durchschneidet seinen Bogen.
    Reade 1979b: Tf. 2a.
10 SW-Palast, XXXIII, Szene 49 : Zwei Gefangene werden gehäutet.
    Barnett - Lorenzini 1975: Tf.152.
11 SW-Palast, XXXIII, Szene 50: Oben (Szene 51): Ein Babylonier mit umgehängtem Kopf.
    Unten: (Szene 57): Ein Babylonier wird bespuckt.
    Reade 1979c: Fig. 5.
12 SW-Palast, XXXIII, Szene 56: Die Hinrichtung eines Babyloniers.
    SAA 12: Fig. 16.
13 SW-Palast, XXXIII, Szene 57: Die Bespeiung Samgunus.
    Barnett - Lorenzini 1975: Tafel 157.
14 SW-Palast, XXXIII, Szene 60 (Ausschnitt): Die Elamer und die Urartäer.
    Reade 1976: Tf. 22.

Übersicht 1   SW-Palast, Raum XXXIII, Platten 1-3
               Layard 1853a: Pl. XLV-XLVI.
Übersicht 2   SW-Palast, Raum XXXIII, Platten 4-6
               Layard 1853a: Pl. XLVII-XLIX.
Übersicht 3   N-Palast, Raum I
               Reade 1979a: Tf. 2 b; Reade 1979b: Tf.21-23; Reade 1964: Tf. 24;
               Detail zu Szene 33 aus Wäfler 1975: 29.3.
Übersicht 4   Ramesseum. Die Schlacht bei Qadeš.
               Wresz., Atlas II: Tf. 92a, 96a.
Übersicht 5   Raum M, Platten 12-13

               Barnett 1976: Pl. D

10. Abkürzungen

AHW   Soden, W. von, Akkadisches Handwörterbuch. Wiesbaden 1965-1981.

CAD   The Assyrian Dictionary of Oriental Institute of the University Chicago. Chicago.

CT XXXV   Leeper, A.W.A., Cuneiform Texts from Babylonian Tablets in the British Museum XXXV. London 1920.

KRI II   Kitchen, K.A., Ramesside Inscriptions II. Oxford 1979.

LÄ   Helck, W. - Otto, E., Lexikon der Ägyptologie. Wiesbaden 1975-1986

OIP   The Oriental Institute Publications. Chicago.
8   The Epigraphic Survey: Medinet Habu, Volume I. Earlier Historical Records of Ramses III. Chicago. 1930.
9   The Epigraphic Survey: Medinet Habu, Volume II. Later Historical Records of Ramses III. Chicago. 1932
35   The Epigraphic Survey: Reliefs and Inscriptions at Karnak, Volume II. Ramses III's Temple within the Great Inclosure of Amon. Part II and Ramses III's Temple in the Precinct of Mut. Chicago. 1936
107   The Epigraphic Survey: The Battle Reliefs of King Sety I. Chicago. 1986

PM II   Porter, B. - Moss, R.L.B., Topographical Bibliographie of Ancient Egyptian Hieroglyphic Texts, Reliefs and Paintings. II. Theban Temples. Oxford 1972.

RIMA   The Royal Inscriptions of Mesopotamia. Assyrian Periods. Toronto.
2   Grayson, A.K., Assyrian Rulers of the Early First Millenium BC I (1114-858 BC). Toronto. 1991.
3   Grayson, A.K., Assyrian Rulers of the Early First Millenium BC II (858-745 BC). Toronto. 1996.

RIME   The Royal Inscriptions of Mesopotamia. Early Periods. Toronto.
2   Frayne, D.R. Sargonic and Gutian Periods (2334-2113 BC). Toronto. 1993

RITA II   Kitchen, K.A., Ramesside Inscriptions. Translations II. Oxford 1996.

RlA   Reallexikon der Assyriologie und vorderasiatischen Archäologie. Berlin 1928 ff. (Hrsg. D.O. Edzard et al.)

SAA   State Archives of Assyria. Helsinki
12   Kataja, L. - Whiting, R. Grants, Decrees and Gifts of the Neo-Assyrian Period. Helsinki. 1995

Wresz., Atlas II   Wreszinski, W., Atlas zur altägyptsichen Kulturgeschichte. Zweiter Teil. Leipzig. 1935.

11. BIBLIOGRAPHIE

Albenda, P.
1974   Grapevines in Ashurbanipal's Garden, BASOR 215, S. 5-18.
1976   Landscape Bas-Reliefs in the Bít-Ḫilāni of Ashurbanipal, BASOR 224, S. 49-73.
1977   Landscape Bas-Reliefs in the Bít-Ḫilāni of Ashurbanipal, BASOR 225, S. 29-48.
1983   A Mediterranean Seascape from Khorsabad, Assur 3.3, Malibu
1986   The Palace of Sargon King of Assyria, Editions Recherche sur les Civilsations,
            "synthèse" no. 22, Paris.

Amin, M. El-
1953   Die Reliefs mit Beischriften von Sargon II. in Dûr-Sharrukîn, Sumer 9, S. 35-59.
1954   Die Reliefs mit Beischriften von Sargon II. in Dûr-Sharrukîn, Sumer 10, S. 23-42.

André-Salvini, B.
1995   Remarques sur les inscriptions des reliefs du palais de Khorsabad, in: Caubet 1995,
            S.15-46.

Arnold, D.
1992   Die Tempel Ägyptens. Zürich.

Arnold, D. - Settgast, J.
1965   Erster Vorbericht über die vom Deutschen Archäologischen Institut Kairo im Asasif
            unternommenen Arbeiten (1. und 2. Kampagne), MDAIK 20, S. 47-61.

Assmann, J.
1975   Flachbildkunst des Neuen Reiches, in: Vandersleyen 1975, S. 304-324.
1983 -1984 Krieg und Frieden im Alten Ägypten: Ramses II. und die Schlacht bei Kadesch,
            Mannheimer Forum 83/ 84, S. 175-231.
1990   Ma'at. Gerechtigkeit und Unsterblichkeit im Alten Ägypten. München.
1996   Ägypten. Eine Sinngeschichte. Wien.

Aynard, J.-M.
1957   Le prisme du Louvre AO 19.939. Paris.

Bachelot, L.
1991a   La bataille de l'Oulai: Mise à mort d' un roi. Les Dossiers d'Archeologie 160, S. 82-
            83.
1991b   La fonction politique des reliefs néo-assyriens, in: Charpin - Joannès 1991, S. 109-
            128.

Barnett, R.D.
1967   Assyria and Iran: The Earliest Representations of Persians, in: Pope 1967, S. 2997-
            3007.
1976   Sculptures from the North Palace of Ashurbanipal at Nineveh (668-627 B.C.). Lon-
            don.

Barnett, R.D. - Falkner, M.
1962   The Sculptures of Aššur-naṣir-apli II (883-859 B.C.), Tiglath-pileser III (745-727
            B.C.), Esarhaddon (681-669 B.C.) from the Central and South-West Palaces at
            Nimrud. London.

Barnett, R.D. - Forman, W.
o.J.   Assyrische Palastreliefs. Prag.

Barnett, R.D. - Lorenzini, A.
1975   Assyrische Skulpturen im British Museum. Recklinghausen.

Bauer, T.
1933   Das Inschriftenwerk Assurbanipals I/II. Leipzig.

Blackman, A.M.
1913   The Temple of Derr. Les temples immergés de la Nubie. Le Caire.

Bleibtreu, E.
1980   Die Flora der neuassyrischen Reliefs. WZKMS 1.

Börker-Klähn, J.
1982   Altvorderasiatische Bildstelen und vergleichbare Felsreliefs. BaF 4.

Borger, R.
1956   Die Inschriften Asarhaddons, Königs von Assyrien. AfO B 9.
1970   Reliefbeischriften Assurbanipals. AfO 23, S. 90.
1978   Assyrisch-babylonische Zeichenliste. AOAT 33. Neukirchen-Vluyn.
1996   Beiträge zum Inschriftenwerk Assurbanipals. Wiesbaden.

Breasted, J.H.
1904   The Battle of Kadesh. A Study in the Earliest Known Military Strategy.
               The Decennial Publications. First Series Volume V. Chicago.
1932   Assyrian Relief Sculpture and the Influence of Egyptian Art,
               in: Studies presented to F. Ll. Griffith, S. 267-271. London.

Budge, E.A.W.
1914   Assyrian Sculptures in the British Museum. Reign of Ashur-nasir-pal, 885-860 B.C.
               London.
1922   British Museum - A Guide to the Babylonian and Assyrian Antiquities (3rd Editi-
               on). London.

Calmeyer, P.
1988   Zur Genese altiranischer Motive X. Die elamisch-persische Tracht, in: AMI NF 21,
               S. 27-51.

Carter, E. - Stolper, M. W.
1984   Elam. Survey of Political History and Archaeology. Los Angeles.

Carter, H. - Mace, A.C.
1924   Tut-ench-Amun. Ein ägyptisches Königsgrab. Leipzig.

Carter, H. - Newberry, P.E.
1904   The Tomb of Thoutmôsis IV. Catalogue général des antiquités égyptiennes du musée
               du Caire. Nos. 46001-46529. London.

Caubet, A. (ed.)
1995   Khorsabad, le palais de Sargon II, roi d'Assyrie. Paris.

Charpin, D. - Joannès, F.
1991   Marchands, Diplomates et Empereurs. Études sur la civilisation mésopotamienne
            offertes à Paul Garelli. Paris.

Clausberg, K.
1984   Die Wiener Genesis. Eine kunstwissenschaftliche Bilderbuchgeschichte. Frankfurt
            a. M.

Cogan, M.
1983   Assurbanipal Prism F: Additions to Catalogue, JCS 35.3-4, S. 146.
1989   Assurbanipal Prism K and C: Further Restorations, JCS 41.1, S. 96-99.

Cogan, M. - Tadmor, H.
1988   Ashurbanipal Texts in the Collection of the Oriental Institute, University of Chica-
            go, in: JCS 40.1, S. 84-96.

Collon, D.
1995   Ancient Near Eastern Art. London.

Córdoba, J.
1997   Die Schlacht am Ulaya-Fluss. Ein Beispiel assyrischer Kriegführung während der
            letzten Jahre des Reiches, in: Waetzoldt-Hauptmann 1997, S. 7-18.

Curtis, J.E. - Reade, J.E. (ed.)
1995   Art and Empire. Treasures from Assyria in the British Museum. New York.

Curtius, L.
1923   Die Antike Kunst I. Ägypten und Vorderasien. Potsdam.

Czichon, R.M.
1992   Die Gestaltungsprinzipien der neuassyrischen Flachbildkunst und ihre Entwick-
            lung vom 9. zum 7. Jahrhundert v. Chr. MVS 13. München.

Deller, K.H.
1987   Assurbanipal in der Gartenlaube, in: BaM 18, S.   229-238.

Desroches Noblecourt, Ch. et al.
1971   Grand Temple d' Abou Simbel. La Bataille de Qadech. CEDAE, Le Caire.

Dietrich, M. - Loretz, O (Hrsg.)
1994   Beschreiben und Deuten in der Archäologie des Alten Orients. Festschrift für Ruth
            Mayer-Opificius. AVO 4. Münster.

Eagleton, T.
1992   Einführung in die Literaturtheorie. 2. Auflage. Stuttgart.

Erman, A. - Grapow, H.
1926/ 1982 Wörterbuch der aegyptischen Sprache. Berlin.

Fales, F.M. (ed.)
1981   Assyrian Royal Inscriptions: New Horizons in literary, ideological, and historical
            analysis. Oriens Antiqui Collectio XVII. Roma.

Frahm, E.
1997   Einleitungen in die Sanherib-Inschriften. AfO B 26. Wien.

Frame, G.
1992   Babylonia 689-627 B.C.. A Political History. Istanbul.

Frankfort, H.
1954   Egyptian and Assyrian Reliefs, in: Nederlands Kunsthistorisch Jaarboek 5, S. 1 ff.

Frankfort, H.
1970   The Art and Architecture of the Ancient Orient. London.

Frayne, D.R.
1993   Sargonic and Gutian Periods (2334-2113 BC). RIME 2. Toronto.

Fuchs, A.
1994   Die Inschriften Sargons II. aus Khorsabad. Göttingen.

Gaballa, G.A.
1969   Minor War Scenes of Ramesses II. at Karnak, in: JEA 55, S. 82-88.
1976   Narrative in Egyptian Art. Mainz.

Gadd, C. J.
1936   The Stones of Assyria - The Surviving Remains of Assyrian Sculpture, their Recovery
            and their Original Position. London.

Gardiner, A.
1960   The Ḡadesh Inscriptions of Ramesses II. Oxford.
1982   Egyptian Grammar. Third Edition. London.

Garelli, P.
1979   L'État et la légitimité royale sous l'empire assyrien, in: Larsen 1979, S. 319-328.

Gerardi, P.
1987   Assurbanipal's Elamite Campaigns: A Literary and Political Study. (Dissertation).
            Ann Arbor.
1988   Epigraphs and Assyrian Palace Reliefs: The Development of the Epigraphic Texts,
            in: JCS 40.1, S.1-35.
1995   Cartoons, Captions, and War: Neo-Assyrian Palace Reliefs, in: BCSMS 30, S. 31-36.

Ghirshman, R.
1974   Un Mède sur le bas-reliefs de Nimrud, in: Iraq 36, S. 37-38.

Grayson, A.K.
1972   Assyrian Royal Inscriptions 1. Wiesbaden.
1976   Assyrian Royal Inscriptions 2. Wiesbaden.
1991   Assyrian Rulers of the Early First Millenium BC I (1114-858 BC). RIMA 2. Toron-
            to.
1996   Assyrian Rulers of the Early First Millenium BC II (858-745 BC). RIMA 3. Toron-
            to.

Groenewegen-Frankfort, H.A.
1951   Arrest and Movement - An Essay on Space and Time in the Representational Art of
           the ancient Near East. Chicago.

Güterbock, H.G.
1957   Narration in Anatolian, Syrian, and Assyrian Art, in: AJA 61, S. 62-71.

Gunter, A.C. (ed.)
1990   Investigating Artistic Environments in the Ancient Near East. Madison.

Hannig, R.
1995   Die Sprache der Pharaonen. Grosses Handwörterbuch Ägyptisch-Deutsch. Mainz

Helck, W. - Otto, E.
1975-1986 Lexikon der Ägyptologie Wiesbaden.

Hornung, E.
1966   Geschichte als Fest. Zwei Vorträge zum Geschichtsbild der frühen Menschen. Darm-
           stadt.
1971   Politische Planung und Realität im alten Aegypten, in: Saeculum 22, S. 48-58
1982   Zum altägyptischen Geschichtsbewusstsein, in: AVA-K 3, S. 13-30.

Hrouda, B.
1965   Die Kulturgeschichte des assyrischen Flachbildes. Bonn.

Hulin, P.
1963   The inscriptions on the carved throne-base of Shalmaneser III, in: Iraq 25, S. 48-69.

Jakob-Rost, L. et al.
1992   Das Vorderasiatisches Museum. Mainz.

Kaemmerling, E.
1979   Bildende Kunst als Zeichensystem I. Ikonographie und Ikonologie. Theorien - Ent-
           wicklung - Probleme. Köln.

Kataja, L. - Whiting, R.
1995   Grants, Decrees and Gifts of the Neo-Assyrian Period. SAA 12. Helsinki.

King, L.W.
1915   Bronze Reliefs from the Gates of Shalmaneser, King of Assyria B.C. 860-825. Lon-
           don.

Kinnier-Wilson, J.V.
1962   The Kurba'il Statue of Shalmaneser III, in: Iraq 24, S. 90-115.

Kitchen, K.A.
1964   Some New Light on the Asiatic Wars of Ramesses II, in: JEA 50, S. 47-70.
1979   Ramesside Inscriptions II. Oxford.
1996   Ramesside Inscriptions. Translated » Annotated. Translations. Volume II. Oxford.

Kopp, H. - Röllig, W. (Hrsg.)
1994   Tübinger Atlas des Vorderen Orients. Register zu den Karten. General Index. Band
            1-3. Wiesbaden.

Kühne, H. et al.
1982   Mesopotamien und seine Nachbarn. BBVO 1.

Kuentz, C.
1934   La Bataille de Qadech. MIFAO 55. Le Caire.

Labat, R.
1988   Manuel d'épigraphie akkadienne. Paris.

Laessàe, J.
1959   A Statue of Shalmaneser III, from Nimrud, in: Iraq 21, S. 147-157.

Lamprichs, R.
1995   Die Westexpansion des neuassyrischen Reiches. Eine Strukturanalyse. AOAT 239.
            Neukirchen-Vluyn.

Larsen, M.T. (ed.)
1979   Power and Propaganda. A Symposium on Ancient Empires. Mesopotamia 7.
            Copenhagen.

Layard, A.H.
1849   The Monuments of Niniveh. London.
1853a   A Second Series of the Monuments of Niniveh. London.
1853b   Discoveries in the Ruins of Nineveh and Babylon. London.
1854   Niniveh und seine Ueberreste. Nebst einem Bericht über einen Besuch bei den
            chaldäischen
            Christen in Kurdistan und den Jezidi oder Teufelsanbetern. Leipzig.
o.J.   Niniveh und Babylon. Nebst Beschreibung seiner Reisen in Armenien, Kurdistan
            und der Wüste. Leipzig.

Leonard, A. - Williams, B.B.
1989   Essays in Ancient Civilization presented to Helene J. Kantor. SAOC 47. Chicago.

Liverani, M.
1979   The Ideology of the Assyrian Empire, in: Larsen 1979, S. 297-218.

Luckenbill, D.D.
1924   The Annals of Sennacherib. OIP 2. Chicago
1926   Ancient Records of Assyria and Babylonia (I+II). Chicago.

Magen, U.
1986   Assyrische Königsdarstellungen - Aspekte der Herrschaft. BaF 9. Mainz.

Matthiae, P.
1996a   La storia dell'arte dell'Oriente Antico. I grandi imperi. 1000-330 a.C. Milano.
1996b   L'arte degli Assiri . Roma

11. Bibliographie

Mayer, W.
1995   Politik und Kriegskunst der Assyrer. ALASP 9. Münster.

Mayr, J.
1933   The Lunar Eclipse of July 13, 653 B.C., in: Piepkorn 1933, S. 105-109.

Meissner, B.
1915   Gründzüge der babylonisch-assyrischen Plastik. Der Alte Orient 15. Leipzig.
1934   Ein Relief Assurbanipals mit einer Darstellung aus dem elamischen Feldzuge.
            MAOG 8.1/2, S. 31 ff.

Meissner, B. - Opitz, D.
1940   Studien zum Bît-Ḫilâni im Nordpalast Assurbanaplis zu Ninive. Abhandlungen der
            Preussischen Akademie der Wissenschaften 1939. Phil.-hist. Klasse, No. 18. Ber-
            lin.

Meuszynski, J.
1981   Die Rekonstruktion der Reliefdarstellungen und ihrer Anordnung im Nordwest-
            palast von Kalhu (Nimrud). BaF 2.

Michel, E.
1947-1948   Die Assur-Texte Salmanassars III. (858-824), in: WO 1, S. 5--20, 57-71, 205-222,
            255-271, 385-396, 454-475.
1954-1959a Die Assur-Texte Salmanassars III. (858-824), in: WO 2, S. 137-157, 221-233, 408-
            415.
1954-1959b Die Texte Aššur-nāṣir-aplis II. (883-859),in: WO 2, S. 313-321, 404-407.
1964-1966   Die Assur-Texte Salmanassars III. (858-824), in: WO 3, S. 146-155.
1967-1968   Die Assur-Texte Salmanassars III. (858-824),in: WO 4, S. 29-37.

Moortgat, A.
1930   Die Bildgliederung des jungassyrischen Wandreliefs, in: Jahrbuch der Preussischen
            Kunstsammlungen 51, S. 141 ff.

Müller, V.
1928/ 29   Die Raumdarstellung in der altorientalischen Kunst, in: AfO 5, S. 199-206.

Nagel, W.
1967   Die neuassyrischen Reliefstile unter Sanherib und Assurbanaplu. BBVF 11. Berlin.

Newberry, P.E.
1893a   Beni Hasan. Part I. Archaeological Survey of Egypt. London.
1893b   Beni Hasan. Part II. Archaeological Survey of Egypt. London.

Onasch, H.-U.
1994   Die Assyrischen Eroberungen Ägyptens. Ägypten und Altes Testament 27/1+2.
            Wiesbaden

Oppenheim, L. et al.
1956 ff.   The Assyrian Dictionary of the Oriental Institute of the University of Chicago.
            Chicago.

Pächt, O.
1986²   Methodisches zur kunsthistorischen Praxis. Ausgewählte Schriften. München.

Paley, S.M. - Sobolewski, R.P.
1987   The Reconstruction of the Relief Representations and Their Positions in the
            Northwest-Palace at Kalḫu (Nimrūd) II. BaF 10. Mainz
1992   The Reconstruction of the Relief Representations and Their Positions in the
            Northwest-Palace at Kalḫu (Nimrūd) III. BaF 14. Mainz.

Panofsky, E.
1979   Zum Problem der Beschreibung und Inhaltsdeutung von Werken der bildenden
            Kunst, in: Kaemmerling 1979, S. 185-206.

Parayre, D.
1991   La bataille de Qadesh en 1287 av. J.-C., in: Les Dossiers d'Archéologie 160, S. 78-81.

Parpola, S.
1987   The Correspondence of Sargon II, Part I; Letters from Assyria and the West. SAA 1.
            Helsinki.

Paterson, A.P.
1915   Palace of Sinacherib. The Hague.

Petrie, W.M.F.
1897   Six Temples at Thebes. 1896. London.
1898   Deshasheh. 1897. Fifteenth Memoir of the Egypt Exploration Fund. London.

Piepkorn, A.C.
1933   Historical Prism Inscriptions of Ashurbanipal. Editions E, B1-5, D, and K.
            Assyriological Studies 5.

Pope, A.U.(ed.)
1967   A Survey in Persian Art, vol. 14. Tokyo 1981(reprint of 1967).

Porada, E.
1989   Problems of Late Assyrian Reliefs, in: Leonard - Williams 1989, S. 233-248

Porter, B. - Moss, R.L.B.
1972   Topographical Bibliography of Ancient Egyptian Hieroglyphic Texts, Reliefs and
            Paintings. II. Theban Temples.Oxford.

Potratz, J.A.H.
1961   Die Kunst des Alten Orient. Stuttgart.

Quibell, J.E. - Hayter, A.G.K.
1927   Excavations at Saqqara. Teti Pyramid, North Side. Le Caire.

Reade, J. E.
1964   More Drawings of Ashurbanipal Sculptures, in: Iraq 26, S. 1-13.
1972   The Neo-Assyrian Court and Army: Evidence from the Sculptures, in: Iraq 34,
            S. 87-112.
1976   Elam and Elamites in Assyrian Sculpture, in: AMI NF 09, S. 97-106.

1979a   Narrative Composition in Assyrian Sculpture, in: BaM 10, S.52-110.
1979b   Assyrian Architectural Decoration: Techniques and Subject-Matter, in: BaM 10, S.17-49.
1979c   Ideology and Propaganda in Assyrian Art, in: Larsen 1979, S.329-344.
1980a   Space, Scale and Significance in Assyrian Art, in: BaM 11, S. 71-74.
1980b   The Architectural Context of Assyrian Sculpture, in: BaM 11, S. 75-87.

Ricke, H. et al.
1967   The Beit El-Wali Temple of Ramesses II. Oriental Institute Nubian Expedition. Volume I. Chicago

Roaf, M.
1990   Sculptors and Designers at Persepolis, in: Gunter 1990, S. 105-114.

Russell, J.M.
1991   Sennacherib's palace without rival at Niniveh. Chicago.

Salvini, M.
1995   Geschichte und Kultur der Urartäer. Darmstadt.

Scharff, A.
1943   Wesensunterschiede ägyptischer und vorderasiatischer Kunst. AO 42.

Schlingloff, D.
1981   Erzählung und Bild, in: AVA-Beiträge 3, S. 87-214.

Schmidt-Colinet, C.
1997   Ashurbanipal banqueting with his queen? Wer thront mit Assurbanipal in der Weinlaube?, in: Mesopotamia 32, S. 289-308

Schneider, T.
1988   Nahum und Theben. Zum topographisch-historischen Hintergrund von Nah 3, 8f., in: Biblische Notizen 44, S. 63-73.
1992   Asiatische Personennamen in den ägyptischen Quellen des Neuen Reiches. OBO 114. Freiburg.
1996   Lexikon der Pharaonen. Die altägyptischen Könige von der Frühzeit bis zur Römerherrschaft. München.

Schoske, S.
1982   Das Erschlagen der Feinde. Ikonographie und Stilistik der Feindvernichtung im alten Ägypten. Heidelberg (Diss.) UMI Dissertation Services.

Scurlock, J.
1997   Neo-Assyrian Battle Tactics, in: Young et al. 1997, S. 491-519

Soden, W. von
1965-81   Akkadisches Handwörterbuch. Wiesbaden.
1969   Grundriss der akkadischen Grammatik. Analecta Orientalia 33. Rom.

Sollberger, E.
1977   Cuneiform Texts from Babylonian Tablets in the British Museum XXXIV-XXXVII (reprint). London.

Spalinger, A.
1974   Assurbanipal and Egypt: A Source Study, in: JAOS 94, S. 316-328.
1974   Esarhaddon and Egypt: An Analysis of the First Invasion of Egypt, in: Orientalia 43,
            S. 295-326.

Speiser, E.A.
1955   Ancient Mesopotamia, in: AOS 38, S. 35-76.

Stearns, J.B.
1961   Reliefs from the Palace of Ashurnaṣirpal II. AfO B 15. Graz.

Streck, M.
1916   Assurbanipal und die letzten Könige Assyriens. VAB 7.1-3.Leipzig.

Strommenger, E.
1994   Elamer, Perser und Babylonier, in: AVO 4, S. 313-325.

Tadmor, H.
1981   History and Ideology in the Assyrian Royal Inscriptions, in: Fales 1981, S. 13-34.
1994   The Inscriptions of Tiglath-pileser III, King of Assyria. Jerusalem.

The Epigraphic Survey
1930   Medinet Habu, Volume I. Earlier Historical Records of Ramses III. OIP 8. Chica-
            go.
1932   Medinet Habu, Volume II. Later Historical Records of Ramses III. OIP 9. Chicago.
1936   Reliefs and Inscriptions at Karnak, Volume II. Ramses III's Temple within the Great
            Inclosure of Amon. Part II and Ramses III's Temple in the Precinct of Mut. OIP 35.
            Chicago.
1986   The Battle Reliefs of King Sety I. OIP 107. Chicago.

Unger, E.
1933   Kinematographische Erzählungsform in der altorientalischen Relief- und Rund-
            plastik. in: AfO B 1(Neuausgabe 1967), S. 127-134.

Vallat, F.
1993   Les noms géographiques des sources suso-élamites. RGTC 11. Beihefte zum Tü-
            binger Atlas des Vorderen Orients. Reihe B 7/ 11. Wiesbaden.

Vandersleyen, C.
1975   Das Alte Ägypten. Propyläen Kunstgeschichte 15. Berlin.

Villard, P.
1988   Les structures du récit et les relations entre texte et image dans les bas-reliefs néo-
            assyriens, in: Word and Image. A Journal of Verbal/ Viusal Enquiry 4/1, S. 422-
            429.

Wäfler, M.
1975   Nicht-Assyrer neuassyrischer Darstellungen. AOAT 26. Neukirchen-Vluyn.

Waetzoldt, H. - Hauptmann, H. (Hrsg.)
1997   Assyrien im Wandel der Zeiten. XXXIXe Rencontre Assyriologique Internationale
            Heidelberg, 6.-10. Juli 1992. HSAO 6. Heidelberg.

Way, T. von der
1984   Die Textüberlieferung Ramses' II. zur Qadeš-Schlacht. Analyse und Struktur.
            Hildesheimer Ägyptologische Beiträge 22. Hildesheim.

Weidner, E.
1932-1933   Assyrische Beschreibungen der Kriegs-Reliefs Aššurbânaplis, in: AfO 8, S. 175-
            203.
1939   Die Reliefs der assyrischen Könige. Die Reliefs in England, in der Vatikan-Stadt
            und in Italien. AfO B 4.Graz.

Weippert, M.
1973-1974   Die Kämpfe des assyrischen Königs Assurbanipal gegen die Araber. Redaktions-
            kritische Untersuchung des Berichts in Prisma A, in: WO 7, S. 39-85.

Winter, I.
1981   Royal Rhetoric and the Development of Historical Narrative in Neo-Assyrian Reli-
            efs, in: Studies in Visual Communication 7.2, S. 7-38.
1982   Art as Evidence for Interaction: Relations between the Assyrian Empire and North
            Syria, in: Kühne et al. 1982, S. 355-382.
1983   The Program of the Throneroom of Assurnasirpal II., in: Essays on Near Eastern
            Art and Archaeology in Honor of Charles Kyrle Wilkinson, S. 15-32. New York

Wreszinski, W.
1923-1938   Atlas zur altägyptischen Kulturgeschichte, Teil I-III. Leipzig.

Young, G.D. et al. (ed.)
1997   Crossing Boundaries and Linking Horizons. Studies in Honour of Michael C. Astour
            on His 80th Birthday. Bethesda.

Zadok, R.
1985   Geographical Names According to New- and Late-Babylonian Texts. RGTC 8.
            Beihefte zum Tübinger Atlas des Vorderen Orients Nr. 7/ 8. Wiesbaden.

Zeissl, H. von
1944   Äthiopen und Assyrer in Ägypten. Beiträge zur Geschichte der ägyptischen "Spät-
            zeit". Ägyptologische Forschungen 14.Glückstadt und Hamburg.

12. INDEX

PERSONENNAMEN

ORTSNAMEN